笑顔が報酬

―刑務所での国語科の授業―

小﨑 佳奈子

KOSAKI Kanako

文芸社

はじめに

「私が還暦になるなんて」

六十歳になった日の朝に思いました。

還暦なんて、私には無関係だと思っていたのです。さらに、

「古稀なんて、とんでもない」

七十歳の誕生日に、どうしても信じられない思いでした。

でも、年月の流れは、誰にでも平等で非情なものです。とうとう、七十歳代最後の年を迎えてしまいました。疑いようのない「年寄り」の八十歳が目の前になりました。どうあがいてみても、高齢者です。

八十歳を過ぎた友人が言いました。

「七十代はいいわね。若いし元気だわ」

年齢というものは、他の人と比べて、そう感じるものだと悟りました。

そして、

「七十代最後の年に、記念になる大きな事をしよう」

そう決意しました。

私は二十代から、十冊以上、本を出版してきました。自費出版の時は、それほどの出費ではありませんが、バックに出版社がつくと、百万円を超える出費です。庶民には、驚くべき高額な道楽です。だから、これまでに一千万円以上使ったことになります。自分ながら「何でまあ」と呆れますが、私の本は、たとえ私があの世に行っても、国会図書館で永遠に生き続けます。

「もう一度だけ、その恐ろしい道楽にお金を注いで、これで打ち止めにしよう」

と、決意しました。

題材はあります。小学校教諭の退職後、刑務所で被収容者（受刑者）対象に国語の授業を始めました。

授業と言っても、学校と刑務所とでは、雲泥の差があります。まず、生徒の年齢です。私よりも年上の人も珍しくありません。生徒の多くは、小学校も卒業させてもらえなかったために「読み・書き・そろばん」が、ほとんどできません。

同じ生徒への授業は、たったの十二時間しかありません。その貴重な短い時間を、どのように使うかは大問題です。

何かできるようになったり理解できたりすると、生徒は微笑みます。この笑顔こそが私が受け取る報酬です。

「学校で、この笑顔があまり見られなくなったのは、何故だろう」

こんな疑問が湧いてきました。考えているうちに、教育界の問題が見えてきました。だから、ぜひとも本に著したくなりました。私の知人、友人には、元教師がたくさんいますが、刑務所で授業している人はいません。だから興味を持って読んでくれそうに思いました。

原稿用紙三枚や五枚の応募エッセイは、簡単に書けますが、一冊の本となると、百枚以上書くことになるので、大きな決意が要ります。丁度、その時に、文芸社がダイレクトに出版のお誘いをくださったのです。新年のお祝いに、一名だけ、無料にしようという内容です。無料で出版してくれるということは、百万円単位の賞金をもらうのと同じことです。そんな幸運を射とめたいと思いました。

文芸社からは、十年以上も前に、一度出版していただいたことがあります。その時に肉親のようにお世話をいただいたET氏は、まだいらっしゃると知り嬉しくなってきました。また、お世話いただきます。

私の原稿は、トップに選ばれることはありませんでした。でも、決意をして書いた原稿なので、料金を全額負担して、出版していただくことにしました。

「心を集中させて、二十日間に百五十枚も書き続けることができたのだから、私の脳は決してぼけていない。まだまだ、大丈夫」

こんな確信を得ることができただけでも、今回の出版には、大きな意義があります。

一冊の本の誕生には、たくさんの方々の愛と知識と工夫が必要です。私は、筋のないドラマの主人公になることができます。本は立派に出来上がるのは確実です。分からないのは、ひとり歩きできる本が、多くの人のところに行ってくれるかどうかです。

小学校さえも卒業させてもらえず、過酷な人生の道を歩まざるを得なかった、たくさんの人がいることを、刑務所で知りました。そして、学校教育の大切さと、現在の教育界の問題点を考えることになりました。

この本が、教育界に一石を投じる一つのきっかけになると、どんなに素晴らしいことだろうかと思っています。

この本に、私の願いと夢とを託したいと思います。

二〇二一年九月吉日

著者　しるす

目次

こちら　法務省です

ある日の昼下がり。私は、洗濯も片付けも終わって、ほっと一息ついていた。

突然、電話のベルが鳴った。

「もしもし、こちら法務省です」

電話の主は、ハンサムな声（明朗な美しい男性の声を、私はそう呼んでいる）で言った。「法務省ですか？」私は、びっくり仰天した。そんな所からの電話は、今までに一度もかかって来たことがなかったからである。

いったい、私が何をしたと言うのだろう。

「ハアーッ」とか言って戸惑っていると、

「以前、こちらに応募のはがきをいただきましたね。神戸から無理のない距離の刑務所が見つかりました。指導をお願いできますか。加古川（かこがわ）刑務所なんですが」と、ハンサムな声が続いた。

加古川ならば、新快速電車で三十分ほどである。大丈夫だと思った。それで、

「参ります。行かせていただきます」と答えた。

「では、刑務所から電話があります」と言って、電話は切れた。

私たち退職教職員のための季刊雑誌に「悠悠ライフ」というのがある。その中に、「刑務所における教科指導にご協力ください」という、法務省からの募集があり、「受刑者の学力を向上させることは、更生と円滑な社会復帰を図るために大きな意義がある」とあった。

丁度、素晴らしいボランティア活動をしてみたいと思っていたので応募したのが、半年くらい前のことであった。その後、全く音沙汰なかったので、私の頭から消え去ってしまっていたのだった。

その日のうちに、刑務所から電話があった。面接日が決まった。自分から希望したことなのに、学校とは全く違う所で、成人を相手に授業ができるだろうかと、ふと不安になってきた。

初めての公用車

刑務所での面接日が決まってから、すぐに準備を始めた。

まず、戸棚の奥深くしまってある教師の免許状を出した。小学校、中学校、高等学校の普通教諭免許状である。久しぶりの対面であった。この小さな「紙」のおかげで、三十九年も、小学校に勤務することができたのだ。

免許状の確認ができた後は、これまでの勤務校名を書き連ねた。

加古川駅には、約束の時刻にお迎えの車が来ていた。大臣が乗るほどの豪華な車ではなかったが、ピカピカに磨き上げられた黒い公用車だった。我が人生で初めて乗る公用車であった。刑務所の車が事故を起こしたのではどうにもならないから、運転は、とても慎重であった。

刑務所の事務室のような部屋で、教育関係の責任者の方との面接が始まった。

生徒となる人は、中には小学校も卒業させてもらえなかった人もいるということ。読み書きのできない人は、知能が低いわけでも、怠けたわけでもないこと。どの人も不運であり不幸なのだということをはじめに聞いた。

そして、国語の授業をして、小学校低学年程度の力をつけさせて欲しいと言われた。授業は六十分で、十二回で一クールであるとも言われた。月に二回、半年で終了だとのことだった。たった十二時間で力をつけるのは至難の業だとは思ったが、謹んでその任を受けることにした。とにかく、全力で取り組んでみようと決意した。

小、中学校の義務教育を終え、当然のように高等学校、大学に進み、卒業したのは、取り立てて珍しいことではなく、当然のことだと私は思って過ごしてきた。

けれども、小学校さえも卒業させてもらえなかった人が何人もいることを知った後は、大学を卒業し、三種類の教諭のライセンスを取得することができたのは、恵まれ過ぎ、幸せ過ぎたのだと悟った。

高校、大学を卒業した時に、果たして私は両親に対して、

「卒業させていただきまして、ありがとうございました」

と、丁寧にお礼を言っただろうかと、考え込んだ。全く言った覚えはない。後悔したが、両親はすでに故人になってしまったから、もう遅い。

私は、毎朝、両親の写真を掲げた小さな仏壇に灯をともし、線香の煙を見ながら、位牌に向かって語りかけることにしている。このところずっと、

「新型コロナウイルスに感染しないように守ってくださいまして、ありがとうございます」

であったが、刑務所から帰宅した翌日からは、

「大学まで行かせてくださって、卒業させていただき、ありがとうございます」

の言葉を加えることにした。

私も、小学校も卒業させてもらえず、何もライセンスがなかったとすれば、この年齢になって、果たしてどうしているだろう。昔から「読み・書き・そろばん」が大切だとされてきた。それらがほとんどできない人たちの人生は大変なものだろうと、思いやった。

男区と女区に分かれる

私が行くことになった刑務所に収容されている人は約千名で、男性は女性の約四倍だ。昔から様々な犯罪をした初犯の男性受刑者のほか、全国的にも少ない交通関係の男性受刑者が入っていたが、平成二十四年から女性の受刑者も入っているとのことである。

男女協力して作業などをするのかと思ったら、男区と女区とに分かれていて、その境には、コンクリート製の高い塀と金属製の丈夫な扉があり、塀の上には金属線が張り巡らされている。男女は決して交わることはない。男女が一緒に食事や作業はしないのである。

男女の愛情問題が起きて、こじれたりすると、ややこしいからだろうかと思う。

私は、女区で授業をすることになった。生徒は、刑務所側が指名し、本人の希望にかかわらず決定されるようであった。

友人をからかってみた

刑務所で国語の授業をすることに決まってから、絶えず、そのことが頭の中に、どんと居すわってしまった。

それで、友人と話している最中に、

「私ね、今度、刑務所に行くことになったのよ」

と言った。彼女は、ちょっと驚いて、言った。

「いったい、何をしたの？」

私は、ちょっと面白くなって、大真面目に、

「したのではなくて、今からするのよ」

と言ってみた。彼女は、ますます驚いて、

「やめなさい。今ならやめられるでしょ」

と言ってから、はっと我に返って、

「それで、いったい何をしようとしてるの？」

とたずねた。私は、笑いながら言った。

「刑務所で、国語の授業をするのよ」

友人は、「なあんだ」という表情になった。

「そう。今まで、三十九年も授業をしてきたのに、まだ足りないの？　私なんか、まっぴらごめんだわ」

と、あきれて言った。私は真剣な顔で言った。

「今まで、六歳から十二歳までの幼児（おさなご）ばかりが対象だったでしょ。成人相手に授業するチャンスかなと思ってね。一般の人が刑務所に入って何かすると言ったら、歌うとか演奏するとか、踊るとか、話をするとかでしょう。授業するのは珍しいでしょ」

彼女は、黙ってしまった。

私の知る限りでは、元教諭で、刑務所で授業しているという人はいない。

正午の合図はサイレン

授業は、十一時半過ぎに終わるので、事務室に戻って「今日の記録」を書いていると、突然、サイレンが鳴る。はじめは「何事か」と驚いたが、すぐ、正午の合図であることが分かった。

今、学校ではチャイムが鳴る。このメロディーは、全国共通だ。でも、私の小学校時代は、サイレンだったと思う。

現在の子どもたちがサイレンを聞くのは、甲子園で開催される全国高等学校野球選手権大会の試合開始と終了の時くらいであろう。

サイレンは、戦争を連想させるので嫌がる人も多いが、野球は「戦闘」なので、チャイムでは格好がつかないのだろう。

刑務所の日課表では、正午のサイレンは昼食開始の合図だ。食事は、受刑者の一番楽しみなことなので、一分たりとも遅れてはならないのかも知れない。

どんな食事なのか知りたかったので、

「実費を出しますから、試食させてください」

と頼んでみたが、駄目だと言われた。その理由は、今だに分からない。

随分前に、高倉健の映画で有名な「網走刑務所」を外からだけだったが、見に行ったことがある。刑務所は、水の中の浮島のような所にあった。

住所には「〇丁目〇番地」のようなものはない。「番外地」と言われる所以であろう。

その刑務所の近くに、小さな売店があって、「番外地」という名の地酒、「網走刑務所」という焼き印の押された下駄などがあった。そこに「刑務所食」という缶詰があった。

「白米と麦、七分三分ですよ」

と、店の人が言っていた。

意外に美味しいのだと言っていたが、私は買わなかった。今となっては、なかなか手に入らない珍しい物なので「買ったら良かったかな」と思っている。

「生徒さん」と呼ぼう

映画や小説などで見る、罪を犯した人のことを、罪人、囚人などと呼んできたが、現在は被収容者（受刑者）と呼んでいる。その人たちの居る所も、牢、牢獄、獄舎、監獄などと呼ばれたが、現在は「刑務所」で、その人たちが寝食を行う部屋を「居室」と呼ぶそうだ。

私が授業する対象者は「受刑者」であるが、「生徒さん」と呼ぶことにして、私の教え子に列することにした。

授業は、国語科と算数科で、交代交代に行うので、同じ教科は二週に一回である。算数科は、所内の教諭免許を持った人が行い「教官」と呼ばれる。刑務所は国家の管轄なので「教官」なのである。私は国立大学の付属小・中学校に通った。教師の部屋は職員室とは言わず、「教官室」と呼んでいたのを思い出した。

教官の授業に私がついて行くことはないが、私の授業には、必ず教官がついて来た。民間人の私が、ふさわしくないことを教えたり話したりしないかを看視するためかと思ったが、違っていた。受刑者には、いつも所内の人の目が届いていなければならないという規則があるらしい。

私は、誰かに見られながら授業するというのは、研究授業と保護者参観日と指導主事の視察以外には経験していないので、変な気持ちになった。

その教官は、普通の教師のように、三十五人〜四十人ものクラスで、実際に「授業」した経験がなく「授業の何たるか」を知らないようで、私が自分でも満足するほどの良い授業をしても、決して感心したり褒めてくれたりすることはなかった。

「ひらがな」で話します

授業する時に、一番に考えなければならないことは、どんな言葉で話すかということである。現職時代は、対象者が私よりはるかに年下で、人生経験が乏しい六歳から十二歳までの子どもであった。けれども、これからは、多種多様の体験のある成人である。

国語科の学力こそ幼児（おさなご）並みであるが、私の知らない世界で逞（たくま）しく生きてきたというプライドがある。不運な人生を生きてきた知恵がある。このことを頭に置いて言葉を選ばなければならない。

まず、敬語と丁寧語で、ゆっくりと明確に相手の心に刻み込むように話そうと思う。

次に、できるだけ漢語を避けて、大和言葉（やまとことば）で話す。

さる学校のＰＴＡの会で、ある保護者が、

「先生方の中に、漢字ばかりで話す人がいます。ひらがなでしゃべってほしい」

と発言した。一瞬、笑いが起こったが、「そうだ」との賛同の声が挙がった。これは、大切な発言だった。

昔の偉人、福沢諭吉（だったと思う）は、

「学問のある素晴らしい人物は、女中（今は用いない言葉だが）が、ふすま越しに聞いても分かる言語を用いて話すことができる」

と言ったそうだ。国会議員がやたらに難解語で話そうとするのは、素晴らしい人物ではないからかもしれない。

「起立」の代わりに「立ちましょう」「お立ちください」を用いる。「着席」ではなく、「座りましょう」「お座りください」と言う。「整列」ではなく「並びましょう」と言うことにした。

相手が何百人もいる場合は、「起立」「着席」「整列」の方が締まっていくだろう。でも、数人相手の時は、そんなに気合いを入れなくても良いのではないだろうか。

生徒さんたちが普段聞く言葉の多くは、指示、命令、禁止などではないだろうか。楽しいはずの学びの場所なのに、そんなに硬くて冷たくて、ぎすぎすした言葉を使わないで、ほんわかした「大和言葉」を使う方が良いのではないかと思う。

生徒さんたちみんなに呼びかける時は、「みなさんは」ではなくて「あなた方は」と言う方が良いように思う。

現職時代「あんたらは」と言う癖の先輩がいたが、「品がなくて嫌だなあ」と思った。

「文字の力」を説く

私は比較的恵まれた家庭に育ったと思うのに、親に本の読み聞かせをしてもらった記憶がない。まして、小学校にさえもまともに通わせてもらえなかった人は、そんなことをしてもらったはずがないと思った。

大人になっても、本の読み聞かせをしてもらうことは、気持ちの良いものである。それで、十二回の授業のはじめの段階で本の読み聞かせをする。一番目は『だって だってのおばあさん』(作・絵：佐野洋子※一年生の教科書では、さのようこ)である。私は以前からこのお話が大好きで、読み聞かせに使っていたら、小学一年生の教科書に載ったので驚いてしまった。と同時に、私の本に対する選択眼は大したものだと、自惚れたのである。

罪を犯した人は、大小にかかわらず、子ども大人の区別なく「だって……だもん」と言いがちである。だから、ここの私の生徒さんも、この題名に親しみを覚えるだろう。

それに、小学校に入りたての一年生の教材になるくらいだから、言葉は易しく、筋の運びが単純で「こうなるだろう」と予想したとおり、決して裏切らない。楽しんでいるうちに、明るく「完」となって幕が下りる。とても後味が良い。

生徒さんたちは、すっかりお話の中に引き込まれて行き、終わると、にっこりと微笑む。

読み終わると、私は本を閉じ、机の上に置いて言った。

「本は、こうして置くと、ただの硬い紙のかたまりに過ぎません。紙は硬すぎて、鼻をかむことも、お尻をふくこともできません。ただの重い邪魔物です。

でも、文字さえ読めれば、先ほどのように楽しい物語が飛び出して来るのです。

文字には、こんな大きな力があります。文字を習うことの値打ちはここにあります」

私の説明を聞いて、生徒さんたちは、「ふうん」と納得したような表情になってくれた。

私は、今まで学校で、この「文字の力」の話をしたことがあったろうかと反省してみた。一度もなかったように思う。こんな基本的なことも説かず、がむしゃらに漢字を教え、書き取りテストをしてきたように思う。

「子どもたちは、納得して学習してきたのだろうか?」と、少し心配になってきた。

ライセンスの重みを意識する

神戸市の小学校の教師は、校外では、自分の得意の教科部に属して活動する。私は国語部であった。国語は範囲が広いので、文学・詩、説明文、表現(作文)・書写に分かれている。私は、ずっと表現部に属していたので「作文の小﨑さん」と呼ばれることがあった。

その作文の大御所の校長先生が、ある時に言われた。

「皆さんは、ライセンスを持ったプロの教師です。だから無免許の人と同じでは、とても困ります。原稿用紙を配って『運動会のことを書きなさい』と言うだけなら、無免許のおばさんやお姉さんでもできます。『さすがにプロ。やっぱり違うね』と言われてこそ、ライセンスを持った者です。ライセンスには、それほどの重みがあります」

私は、いつも、その事を思い出していた。

刑務所でも、授業をするからには「自分はライセンスを持ったプロの教師である」ということを意識しなければならないと思った。

それで、心得の条を改めてまとめてみた。

(1) 授業の導入を工夫する

だいたいの人は、勉強することは大好きではない。「ぼく、勉強が大好き」などと言う子どもがまれにいるが、もしかして「よく勉強して良い成績が取れると褒めてもらえるから好き」なのかもしれない。

「勉強」という言葉には「気は進まないが、しなければならないので、しぶしぶする」という意味が含まれている。

市場などで値切ると「じゃあ、勉強しときます」などと店の人が言うことがある。この「勉強」には「喜び勇んではしないが、そんなに言うのなら仕方なく」という意味がある。

生徒さんの多くは、小学校にも十分に行っていないとすれば、「勉強」には慣れていないので、あまり気が進まないかもしれない。だから、授業者ばかりが張り切って、

「さあ、勉強を始めましょうか」

と言っても生徒さんは、ついて来ないかもしれない。

そこで、

「あれっ、いつの間にか授業に入っている」

と、生徒さんが思うような、無理のない巧みな導入を考えなければならない。

私は、歌から入って行くことが多い。例えば「NHKみんなのうた」の『赤い花 白い花』(作詞・作曲：中林三恵)を楽しく歌ってから、「今日は、色の名前の漢字を書きましょうか。赤と白です。ついでに青と黒もね」という具合だ。

「春夏秋冬」を練習する時には「日本の歌百選」に選ばれた『四季の歌』(作詞・作曲：荒木とよひさ)である。その日の「今日は何の日」から入ることもある。

(2) 頑張っているのを認め、ピンポイントで褒める

「この字、上手になったね」

と、大まかな褒め方をしないで、細かいところに目を留めて褒める。

「ここの縦画は、しっかりと止めているところが良いです。はねと止めは大切ですね」

と言うと、生徒さんは、褒められたところとその理由が分かるので、にっこりと笑うことが多い。その笑顔が、私には、大きな値打ちがあると思うと、この上もなく嬉しい。

認めたところには、赤のソフトペンで、迷わず五重丸をつけて、「素晴らしいね」と言葉を添える。プリントの全部が合格した時には、五重丸に「Ｇｏｏｄ!!」と書く。「素晴らしい」と書くこともある。たいていの生徒さんは、満足の微笑みを浮かべる。

(3) はじめの要求ができていない時には、負けてあげない

「まあ、学習に慣れていないのだから、これでも、いいか」

と甘くすると、喜ぶ人よりも「私たちは、あまりできないと思って馬鹿にしているのではないだろうか」と、がっかりする人が多いかもしれない。

「ここは『止め』、ここは『はらい』、こちらは『はね』です」

と教えている限りは、それに反している場合は厳しくチェックして直すように指示する。

このようにしているうちに、師弟の関係が深まっているような気がする。

（4）時折、小学生には言わないような難しいことを言う

例えば、漢数字を学習する時に、

「一、二、三と横棒で表して、どうして、四は一一一一（横棒四本）と書かないか」ということを説明しようと思ったら、次のように言ってみる。

「原始の昔、人々は三までは正確に数えることができたけれど、四以上は、たくさんと言っていたようです。三と四の間には大きな切れ目があります。だから、四からは、別の字になったのでしょう」

その後、続けて言う。

「考えてもごらんなさい。横棒の数で表すなら、『じゅう』はどうしますか。『ひゃく』なら、『せん』ならもう大変ですよ。書く方も読む方も大変です。読む方は、１００だか99だか１０１だか分からなくなってしまいます。その大変さから抜け出すために、別の漢字を作ったのです」

生徒さんの頭の中に、横棒がたくさん引かれた数字が浮かんできたのか、愉快になってきて、思わず「フフフ」と笑ってしまう。

そこで、生徒さんたちは、簡単に書ける四、十、百、千、万などを喜んで学ぶようになっていく。「横棒をたくさん書かなくても『百』と書けばいいなんて、漢字は便利なものだ」と、ありがたがるようになっていくだろう。

「漢字」は何故「漢字」と言うのか、などということも、興味深く聞く。

「菊」や「茶」の字は音読みだけで、何故訓読みがないのか、などについても、大人なので大変興味深そうに聞いてくれる。

漢字の書き取りは、煩わしいので嫌いな人が多い。けれども、エピソードなどを知れば、楽しくなるかもしれない。

最近、私は八十四画の字や六十八画の漢字を知った。

八十四画　読み（たいと、だいと、おとど）　　六十八画　読み（びゃん）

𱁬　　𰻞

これらに比べれば二十九画の「鬱（うつ）」なんか、かわいいものである。

（5）言葉は優しく、易しく

生徒さんが、すでに説明したことを質問しても、「さっき言ったでしょ」とか「何度言ったら分かるの」などと、面倒くさそうに言わず、にこやかに対応し、分からないことを質問した積極性を認めて褒める。

（6）冗談やギャグで笑いを取らない

冗談やギャグのようなものではなく、「できるようになった」「分かった」「理解できた」という喜びの笑いが得られるように工夫する。

（1）から（6）まで、どれをとっても難しいけれども、教職三十九年の大ベテランの私に課せられた宿題だと思って頑張ろうと決意した。

自己紹介・自分の氏名の練習

新しい生徒さんとの初対面の時には、まず私が、首から名札をかけて自己紹介をする。

「私は、小﨑佳奈子と申します。十月十七日、神嘗祭（かんなめさい）の日に生まれたので、佳奈子と名づけられました。好きな食べ物は野菜です。たくさん食べるので『馬の餌か』と言われたことがあります」

これが見本である。生徒さんが聞いて、ねたましくなるようなことは言わない。例えば、「趣味は海外旅行です」のようなことである。

生徒さんの番になると、小さな声で、クシャクシャと言う人がいる。日頃から大声を出さないからか、罪を犯しているので正々堂々と名乗る気にならないからかと思いながら、私は耳を傾ける。

「好きな物は、ぶどうです」

などとだけ言って、ストンと座る人もいるが、自分のこれまで歩んできた「いばらの道」を語り始める人もいる。個人情報なので、適当に相づちを打って、終了してもらう。生徒さんは、自分の辛かったことを聞いて欲しいのだろうと思う。

学校ならば、放課後に残ってもらい存分に語らせてあげられるのだけれど、刑務所では叶わぬことである。

自己紹介の後は、自分の氏名を正しく丁寧に書く。

「これから何年生きるとしても、一番たくさん書くのは、自分の氏名です。それを汚く書くと、人は『顔のクチャクチャの不美人の人に違いない』と思うかもしれません。それはとても悲しいことなので、精一杯、丁寧に、きれいに書きます」

と、氏名を書く練習の値打ちを説く。すると、

「番号でもいいですか」

という声。私は、番号は氏名ではないと言う。

「苗字だけでもいいですか」

の声。何とか簡単に済まそうとする。

「苗字には、今はほとんど意味がありません。田中さんは、田の中に住んでいるわけではないでしょう。田中という苗字の家に生まれただけです。名前の方に意味があります。誰かの願いや期待が込められています。例えば、美智子さんなら、美しくて智恵のある子に育ってほしいとかね」

生徒さんたちは、やっと、自分の氏名を練習する意義を納得した。その後で、練習用紙と同じ大きさに書いた私の手本を渡す。

どの生徒さんも、書く態勢になっている。

そして、真剣に丁寧に、天下一品の文字を書き始める。素晴らしく上手な字である。

「ほう。上手に書けましたね」

私は、心から感心して、赤のソフトペンで一文字ずつ、丸をつけていく。

自分の書いた氏名を、褒められ認めてもらったことは初めてのことなのだろう。にっこりと微笑む。ひらがな、カタカナの氏名も出来上がったところで、花丸をつけて１００と書き、下に二本の横線を引く。

そうすると、とても良い表情をして、

「わあ、花丸……」

と感慨深そうに言う。はるか、はるか昔の、小学一年生の頃を思い出しているのだろうか。

このように、最初に、自分の氏名を大切に書くことをしておけば、次に書く時も、自分では最高の文字を書くようになる。

私は現職時代に、小学一年生の担任になることは、あまりなかった。三十九年中、わずか、三回だけであった。その時に、子どもたちに、自分の氏名を丁寧に正確に書けるような指導をしただろうかと反省してみた。一度もしたことがなかったような気がする。

私はどんな時でも、相手や自分の氏名を、楷書で心をこめて書く。他人が、たまに感心してくれることがある。

担任した子どもたちにも、氏名の大切さをきちんと教えるべきであったと悔やまれる。

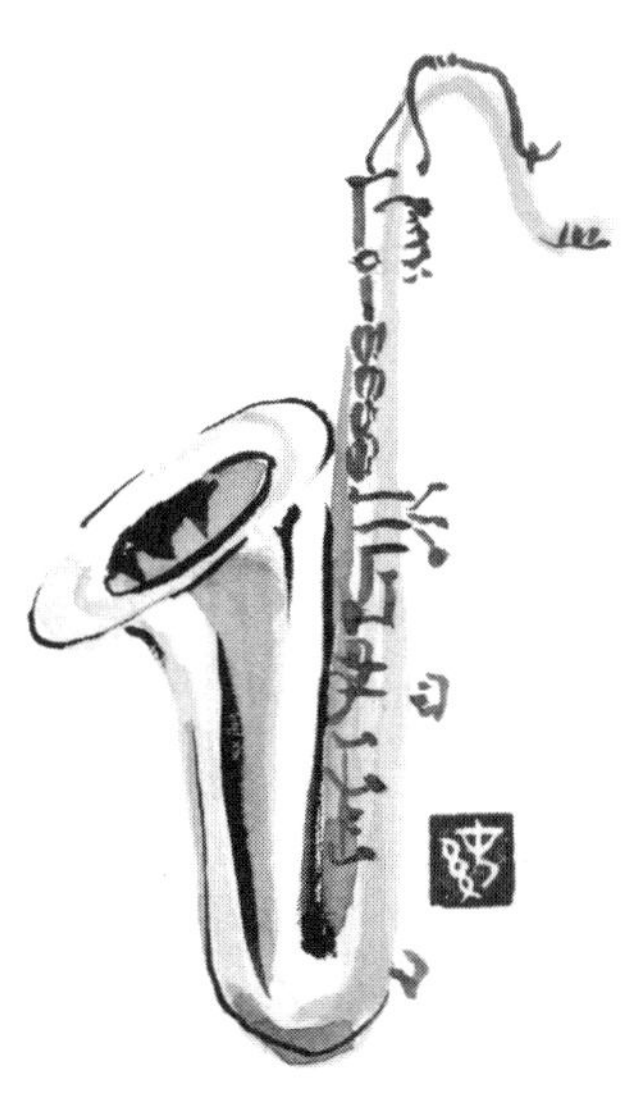

「国語」を学ぶのは大変だ

日本の成績表には「国語科」があって、評点がつく。評価する教師は大変悩む。領域があまりにも広いので、全体として一つの評点をつけるのは困難だからである。

米国の現地校に通っている男の子の母親の話によると、「米国に国語科の評価はない」とのことだった。

「スピーキング（話す）」「リスニング（聞く）」「グラマー（文法）」「ライティング（書写）」というふうに、細分化されているとのことであった。この方が理にかなっている。

日本の場合は、国語科は大きく二つに分かれる。

（1）音声言語――「聞く」「話す」

これは、日本で育った人には、国籍には関係なく、自然に身につく。ただし、正しさと適切さは、教えなければならない。

まだ、自分の氏名がやっと書けるだけの新一年生が、とめどもなく、おしゃべりをすることがある。私は、真剣に、

「あなたは、五分間黙ると、死んでしまうような病気にかかっているんですか？」

と問うたことがある。その子は驚いて、否定した。

「そんな病気にかかってません」

私はちょっとかわいそうになって、

「そう。それは良かった。じゃあ、ちょっと黙っていてね」

と言ったものだった。

言葉は、お母さんのお腹の中にいる胎児の時から聞いているのだという説がある。

だから、

「あなたのお父さんは、ぐうたらして、ろくでなしなのよ」などと、お腹をさすりながら言ったりすると、その子は、父親を尊敬しなくなるのだそうだ。

次に書く話の真偽のほどは分からないが、私は興味深いと思った。

英語国民は、胎児に英語で話しかける。胎児は、何か月間か英語を聞いて育つ。

出産直後、生まれたての赤ん坊（嬰児）の両耳にイヤホーンを入れ、一方からは英語、もう一方からは他の言語を送る。すると、赤ん坊は、英語の方に顔を向けると言うのだ。

この音声言語は、生まれ育った言語環境が大きく影響する。英語国民は、英会話塾に通わなくても、英語が話せるのだ。

（2）文字言語――「読む」「書く」

「Tシャツ500円より」

この大売り出しの看板に、日本で用いられる文字がすべて含まれる。

「T」はローマ字、「シャツ」はカタカナ、「500」は算用数字、「円」は漢字、「より」はひらがな――何と、五種類である。何という凄さであろう。

「五万とある」という言葉は、とても多い場合に使うが、漢字は、本当に五万もあるそうだ。中国では一万五千ほど使われているとか。

日本では、小学校でマスターするのは千余り、世間一般に用いる当用（常用）漢字は、二千余りである。

日本人は、恐ろしく多い文字と闘っている。それに勝たねば、日本の新聞は読めない。

政治関連の報道は、特に難しい。

「首相は18日の衆参両院本会議で、就任初の施政方針演説を行った。首相は新型コロナウイルスの感染拡大を『難局』と捉え、克服への決意を表明。コロナ対策の実効性を確保するため罰則を明記した特別措置法改正案の早期提出を明言した」（二〇二一年一月十九日付神戸新聞）

何と難しい。大学入試を受ける人でも、完璧に書くことができるかどうか疑わしい。

易しいと思われる天気予報でも、

「冬型の気圧配置になる見込みです。兵庫県は雲が多く、北部や山沿いを中心に昼ごろまで雪が降るでしょう。雷を伴う恐れもあります。寒中らしく、厳しい寒さが続きそうです」

と、かなりの学力が必要である。

この文字言語は、教育の力に依らなければ、自然に身につくものではない。

小学校で六か年、中学校で三か年、計九か年かけても、十分に身につかない。だから、たった十二時間で、刑務所の生徒さんに、身につけさせようというのが、そもそも無理なのだ。

ただ、

「文字というのは便利なものだ。そして、新しいことを学んで知ることは、楽しいことなのだ」

と思ってもらえるように、私は工夫し、頑張っていこうと思っている。

授業は歌で始まる

どんな民族でも、楽しい時、嬉しい時、悲しい時に歌う。歌は、心を鎮めたり、浮き立たせたり、決意させたりする。『子もり歌』は、家庭で弟妹をお守りするだけの時は、音階は長調だが、どこか遠くに売られてしまい、切ない思いの時は、短調に転調する。誰も、作曲法など教えなくても、自然にそうなる。

授業に引率されて来たばかりの生徒さんには、まず歌を与える。季節に合う短い歌である。

生徒さんは、日頃は、歌うことや大声を出すことを禁じられているせいか、口先だけで、ボソボソ歌う。

私は、大きな口を開け、大きく脳に響くような声を出して見本とする。

すると、生徒さんは、

「そりゃあ、先生は若いもん」と言う。

彼女が私より年下だったりすると、私は愉快になってくるが、素知らぬ顔で、

「そうです」と言う。

「今日は寒いですね。寒い日にぴったりの歌がありますよ」

と言って、わらべ唄の『おおさむこさむ』の楽譜を配る。たとえ彼女が楽譜が読めないとしても、きちんと書いて、縦書きの歌詞を添える。

おおさむこさむ
山から小僧がとんできた
何と言ってとんできた
さむいと言って　とんできた
おおさむこさむ

この歌は、「ラ、ソ、ミ」の三つの音だけで作られているが、よく感じの出た歌だ。全員、すぐ歌うことができた。

また、授業が終わった時に歌うぴったりの歌も教えることにした。これは、キャンプファイヤーの火が、だんだん小さくなって終わりに近づいた時に歌う。

この歌は少し長く、少し難しいので、二回の授業の中で教えた。

さようなら（作詞・作曲：倉品正二）

一、すばらしいときは　やがて去り行き
今は別れを　惜しみながら
ともに歌った　喜びを
いつまでも　いつまでも　忘れずに

二、楽しいときは　やがて去り行き
今は名残を　惜しみながら
ともに過ごした　喜びを
いつまでも　いつまでも　忘れずに

この歌は、歌詞もメロディーも、少し哀愁を帯びているからか、全員が好きになってくれた。

中でも、七十歳を過ぎたKさんは、この歌の時になると、にっこりして、

「この歌好きや」

と言って、一生懸命に身体でリズムを取った。

でも、コロナ禍で「歌は駄目」になってしまった。

使用頻度の高い漢字から

たいていの人は「漢字よりも、ひらがなの方が易しい」と思っているようだ。けれども「かわ」と「川」、「やま」と「山」を比べると、漢字の方が、はるかに易しい。だから、先に漢字を取り上げる方が良いと思う。五十音の最初の字「あ」は、形を取るのが難しい。

ひらがなは、漢字をくずした草書体からできている。漢字は、直線が大部分を占めているが、ひらがなは、くねくねとした曲線が多く、きれいな形をとるのが難しい。

ほとんど筆記用具を持って字を書いたことのない人には、しっかりとした形である漢字の方が易しいのではないだろうか（ただし、画数の少ない字）。

最初は「大 中 小 山 川 田」を取り上げた。

「日本人の苗字は、この六文字の組み合わせてできているものが多いです。例えば『田中』というのは、兵庫県では、一番多いそうです」

私の説明に、生徒さんは、納得するようにうなずいた。

大山、中山、小山、大川、中川、小川、大田、中田、小田、山川、川田、田中……何とたくさんできることだろう。生徒さんは、この中の何人かの名札を見たことがあるだろう。

「昔、日本は、ミズホノクニと言われていて、農業が大切でした。それで、田、川、山、水とか、そういう苗字が多いのでしょうかね。

アメリカでは、テーラー（仕立て屋）、カーペンター（大工）、スミス（鍛冶屋）、ベーカー（パン屋）など職業の名や、ブラック（黒）、ホワイト（白）、ブラウン（茶色）など、色の名前の人が多いです」

さすがに大人。私の説明を興味深く聞いてくれた。

次に取り上げるのは、曜日の漢字である。書き始める前に、太陽系惑星の話をする。

何故一年は三百六十五日なのか、何故一日は二十四時間なのかなどと、クイズを混ぜて話す。

「宇宙の星には、三種類あります。まず、動かないで自分で光と熱とを出す恒星で、太陽はこれです。次に、恒星の周りを回っている光も熱も出さない星です。惑星と言います。太陽の周りの惑星は、水星、金星、地球、火星、木星、土星などです。恒星でも惑星でもない星は、惑星の周りを回っている衛星です。月は地球の衛星です。人が作った衛星を人工衛星と言います」

ホワイトボードに図を描いて、ちょっと難しい天体の説明をする。

生徒さんは、意外なほど熱心に耳を傾けてくれる。普段は、そういう話を聞くことは、ほとんどないので、珍しいのであろう。

こんな話の後で、「日月火水木金土」の練習をする。「星の名前から来ているのか」と生徒さんの頭の中に、しっかりと居すわってくれるのだろうと期待が持てる。

「金」は少し画数が多いが、日頃よく使うお金という字なので、抵抗はないようだった。曜日の次は、漢数字である。九と万は、筆順を間違え易いので、しっかりと教える。

「どこから書いても良いのではないかと思われるでしょうけれども、筆順を守った方が、形のきれいな字になります」

と利点を強調すると、正しい筆順で書くようになってくる。

数字が書けるようになったら、上・下、右・左を取り上げる。その次は、口、目、耳、鼻、手、足のように、身体の一部を取り上げる。

教育漢字だけでも千を超えるので、十二回の授業ではどうにもならない。使用頻度の高い漢字から取り上げれば、目にする機会が多いので、生徒さんは、

「習った甲斐がある」

と、満足してくれるのではないかと思う。

ひらがなは歌をとおして

生徒さんたちは、小学校を卒業させてもらえなかったとしても、一年生か二年生くらいまでは、学校で学んでいる場合が多い。だから、ひらがなの読み書きは、少しはできる。

それで「あいうえお」と順を追って学習していくよりも、自然に学んでいく方が良いように思う。

詩人のまど・みちおが作詞した童謡『ぞうさん』は、日本一の名曲だと思う。この歌は、一歳の幼児から、百歳の高齢の方まで、歌詞カードを見なくても歌うことができる。他に、そんな歌は見つからない。

ぞうさん　ぞうさん　おはながながいのね
そうよ　かあさんも　ながいのよ

刑務所の生徒さんも暗記して歌うことができる。頭の中に、確実に歌詞が入っている。

私は、縦書きの歌詞の入った楽譜を配る。暗唱できるのに、何故、楽譜が要るのかと不思議がる人がいるかもしれない。しかし、しっかりと覚えているからこそ、配る必要があるのだ。

正面のホワイトボードにも、大きく書いた歌詞カードを貼る。生徒さんは歌詞を見ながら、愉快そうに、それを見ながら歌う。

生徒さんの頭の歌詞が、正面の歌詞カードに重なってくる。生徒さんは、

「『ぞうさん』というのは、あのように書くのだなあ」

と思い、ごく自然に、その文字が頭の中に居すわる。

このようにして、誰でも知っているような歌を歌っているうちに、たいていのひらがなは、頭の中に入っていく。

たいていのひらがなが頭の中に入っていったと思えるようになったら、初めて「五十音」を視写（ししゃ）させる。このようにすれば、そんなに苦労しなくても、ひらがなをマスターすることができる。

書くのは、漢字よりも難しいひらがなは多い。

私は一年生を受け持った時に、板書（ばんしょ）（黒板にチョークで字を書くこと）の時「心して書かなければ」と緊張したひらがながいくつかある。一番が「ふ」で、その次が「れ」「ぬ」「な」「ほ」「か」「あ」と続く。ひらがなは、肥り過ぎたり、痩（や）せ過ぎたりして、意外に難しい。

ひらがなが全部書けるようになると、文が書けるようになって、生徒さんは楽しくなってくる場合が多い。でも、

「はははははとわらう」

「はなののはなはなのななあに」

と書くと、読むのは難しい。すると、

「漢字を混ぜた方が読むのは楽だ」

と気づく。

「母はははと笑う」

「花野の野の花花の名なあに」

この方が読み易いのだ。

日本語表記の難しさ

「漢字、かな交じり文」

これは、世界一難しいのではないだろうか。英語にはないし、中国にもないだろう。日本文は二つの種類の違う文字を使うという凄いことをするから、起こってくる問題だ。

(1) 送りがなの問題—どれが正しいのか

あかるい—明かるい　明るい　明い

おこなう—行こなう　行なう　行う

おさない—幼さない　幼ない　幼い

はずかしい—恥ずかしい　恥かしい　恥しい　恥い

時代と共に変わってくるので、教える立場の教師はとても困る。自分の習慣を変えるのは難しい。板書する時には、細心の注意を払わなければならない。

変わった理由を児童に聞かれて、私は、

「日本には『国語国字問題審議会』とかいう、偉い方々の集まりがあってね。その方々には、これと言ったお仕事がないので、時々変えてみるのではないでしょうか」

と答えた。これは、正しいかどうか、今でも分からない。

現在、「答え」「問い」「係り」などと書くが、こんな送りがなは不要なのではないかと思う。「受け付け」か「受付け」か「受付」か。「話し合い」か「話合い」か「話合」か。

(2) かなづかいも、ややこしい

「続く」は「つづく」で「つずく」ではない。

「無花果」は「いちじく」で「いちぢく」ではない。

「鼻血」は「はなぢ」で「はなじ」でない。

「著しい」は「いちじるしい」で「いちぢるしい」ではない。

「地蔵」は「じぞう」で「ぢぞう」ではない。

「縮む」は「ちぢむ」で「ちじむ」ではない。

「大阪」は「おおさか」で「おうさか」ではない。

「王様」は「おうさま」で「おおさま」ではない。

「遠い」は「とおい」で「氷」は「こおり」、「行李」は「こうり」、「通り」は「とおり」、「当選」は「とうせん」


こうしてみると、とてもややこしくて、常識で判断することができない。

「大阪は『おお――』なのに、王様は『おう――』であることの理由が説明できますか」

と、世間の人に問いかけてみたい。

このように、かなづかいの問題はややこしいので、刑務所の生徒さんには、厳しく要求することはやめることにした。

もちろん、知りたいという人には、教えてあげることにする。

早く次の授業の計画を立てる

授業中に、

「これは、うまくいった」

「この方法は、まずかったかな」

などと気がつく。すぐにメモを取ると良いのだが、授業中は、そんなことはできない。

授業中に「ふと思いついた（気づいた）こと」は、時と共に、頭の中から、どこかに消えてしまう。それで、できるだけ早く、頭の中に定着させないと、残念だし、もったいない。

刑務所のある加古川から自宅の三宮に向かう列車の中で、座席に落ち着くとすぐに、ノートを広げる。明石を過ぎると、右の窓の外は、明石海峡が見えて快い。何だか、素晴らしいアイディアが浮かびそうな気になってくる。

車中の考えは、我が家に帰り着いても続き、用意を始める。一時間の授業に、三倍以上の時間を費やすことは珍しくない。現役の時よりも、しっかりした教材研究をする。

現役の時には、そんなことはできなかった。国語の授業の十分後には、別の教科がある。いつまでも、終わった授業のことを引きずってはいられないのだ。

「ここの主人公の気持ちは――」

などと言っていたのに、次の瞬間、

「二列に整列。前にならえ」

などと号令をかけなければならないのだから、時々、

「小学校の教師のすることは、まるで神業だ」

と思うことがある。

帰宅してからも、国語の教材研究ばかりしているわけにはいかない。こんな訳で、多くの教師は、欲求不満に悩んでいるのだ。

教師には、もっと「ゆとり」の時間が必要だと、刑務所で授業をさせていただくようになってから、つくづく思う。

毛筆習字は時間がかかる

国語科の中には、書写という領域がある。これは、字を覚えると言うよりも、字を正しく整えて書くことが求められる。書写は二つに分かれ、一つは鉛筆などで書く硬筆、もう一つは筆で書く毛筆である。毛筆は、正式には三年生から学ぶことになっている。

今の私の生徒さんたちは、小さな字を書いてしまうことが多いので、小さな字は書き難い毛筆を取り入れることにした。

小学校低学年しか修了していない人にとっては、初めて持つ筆である。

まず、持ち方の指導をする。

「鉛筆と違って、筆は立てます。字の上手な人を言う時に『筆が立つ』と言いますが、このように持って立てて書くからそう言うのでしょう。こちら側は親指で持ちますが、こちら側は、次の二本または三本で支えます。二本の時は『二本がけ』、三本の時は『三本がけ』と言います。小さな手で太い筆を持つ時は、普通『三本がけ』です。小指は、普通は使いません」

などと、丁寧に説明する。私は、ふと思う。

「小学校での授業では、こんなことは説明しなかったなあ」

この筆の持ち方だけでも、時間がかかる。「春夏秋冬」と書く時には、

「書き易いように、半紙は、縦に折って横に折って、お部屋を四つ作ります」

と指示する。それから、ふと気がついて、

「紙の裏・表ね。つるっとしている方が表、ガサガサしている方が裏です」

と、付け加える。準備がすっかり整うと、

「墨はたれ落ちない程度に含ませて、書いていきましょう」

と、ゴーサインを出す。

生徒さんは緊張しながらも、わくわくしているようだ。生まれて初めての経験をする人もいるのだ。首筋・肩に力が入っている。

「力を抜いて、リラックスして」

そんなことを言われると、よけいに身体がこわばるのを知っていて、私は言う。

ややあって、一人ひとりに向かい合う。何と、四つの部屋があるのに、一つの部屋に、「春夏秋冬」と、ぐちゃっと小さい文字で書いた人がいる。

「一つの部屋には、一つの文字だけ書くのよ」

と注意する。彼女は少し驚いて、

「こんな大きな部屋に、たった一つだけ」と言う。

広い半紙に、たった一文字しか一つの部屋に入れなんて——と、意外に思うらしい。

半紙は、初めの一枚の上に、真新しい二枚目を与える。

「一回目の作品を見つめて、二枚目はより上手に書くのです。一回目の方が上手な時は、新しい紙が無駄になってしまいます」

などと言いながら書いていくと、残り時間がみるみるうちに少なくなってしまう。

毛筆習字は、生徒さんが喜ぶし、心を開くのに役立つと思うのだが、時間がかかり過ぎるので、たびたびはできない。何しろ、全部で十二時間しかないので、丸一時間も使ってしまうのは、もったいないような気がしてしまう。

「運動会」と「体育祭」に招待された

刑務所での年に一回のイベントに招待してもらった。

午前中は、広い運動場での男区の運動会、午後は、それほど広くない中庭での女区の体育祭が行われる。私は、両方とも見せてもらうことにした。

秋の盛りを過ぎた空は、青く澄んで爽やかである。気温は、動くと少し汗が出るが、快適である。

男区の運動会は、作業する工場ごとに整列しての入場行進から始まった。現役の教師時代には、小学生の行進で、一年生の中には、曲とは無関係に、チョコチョコと歩く子もいて、観客の微笑みを誘った。

でも、目前に迫ってくるのは、「おじさん」ばかりなので、地響きがして豪壮である。よく見ると、脚は曲に合っているが「左右、左右」となるべきなのに「右左、右左」と逆になっている人が多かった。

開会式では、所長の訓辞があった。

「学校の運動会では、選手の後ろに保護者席がありますが、今日はありません。皆さんに会いたくても、走る姿を見たくても、叶えられない家族がいることに思いを馳せて、更生の道を歩んでください」

その後、選手宣誓があった。所長の言葉を受けて、これからの決意を力強く述べた。

選手たちの列の中に、たくさんの刑務官が配置されていた。

準備体操が始まった。腕や脚が折り目正しく動いている人もいたが、腕などが、しゃんと伸びていない人が多かった。

気になって、後から理由をたずねてみた。

「正しく行進し、きちんと体操する人は、多分、少年院を経験した人でしょう」

とのことだった。少年院では厳しく教育されたことが刑務所では要求されないのかなと思った。正しいラジオ体操よりも、社会人としての正しい道を身に付けさせることが大切だからだろうか。

ラジオ体操の後、選手たちは観覧席に向かった。小学校では、新聞紙や雑誌をビニールで包んだ座布団があるのだが、ここでは、席の所に着いてから厚めのビニールシートを敷いた。

競技が始まった。百メートル走では、トラックのカーブがゆるやかでないので転倒する人が多かった。成人男性が日頃のうっぷんを晴らすように、猛烈な速さであった。転倒すると痛いだろうに、すばやく起き上がり、また全速力で走った。

「凄い！」

私は見とれた。

応援が、これもまたすさまじいものだった。日頃は、大声を出すことは禁止されているのに、この日ばかりは禁が解かれているので、「懸命」という言葉がぴったりであった。

「玉入れ」「綱引き」など、なじみの種目が多かったが、縄跳び競争は難しかった。一本の大縄の中に八人入り、跳んだ回数を競う。身体の大きい人が、持ち手（回し手）に近い所に入ると、当然ながらすぐ引っかかった。

楽しく元気よく競技が進行して閉会式が終わると、日章旗の降納だ。旗のポールのハンドルが錆びついているのか、回すたびに、「キーキー」という音がした。その音は、楽しい時間が過ぎ去るのを惜しむ声にも聞こえた。

「泥まみれになった人も多いけれど、お風呂に、ゆったりと入ることができるのだろうか」

私は、ふと、そんな事を思った。

午後からは、女区の「体育祭」だった。女区でも「力いっぱい頑張る姿」がたくさんあった。教室の中では、すぐ近くに見ているが、ここでは遠いので、私の生徒さんたちをはっきりと見分けることができなかった。

ぴったりの体操服でないせいもあるだろうが、みなさんの身体が引き締まっていないように見えた。

「運動不足で、筋肉がたるんでいるのかな」

などと、私は思った。

日頃は決して出さないような明るく甲高い声を初めて聞いた。少し安心したが、このイベントの後はまた自重しなければならないのかと思うと、切ない気持ちにもなってきた。

「すみません」と「ありがとう」

机間指導の時に、

「ここね。はねるのではなくて、止めます」

と優しくアドバイスすると、生徒さんは、

「すみません」

と、何か重大な罪を犯したように恐縮する。私は気の毒に思ったが、気を取り直して言った。

「あのね。間違っても謝らなくても良いのです。間違う人がいるから、先生がついているのよ。謝るのは、他の人に迷惑をかけたとか、人として、してはいけないことをした時だけですよ」

私の言葉に、彼女は、ほっとしたように、顔を上げた。

「間違ったことを直してもらったら、『すみません』ではなくて『ありがとう』とお礼を言うのです。字をうまく書けなかったら、消して書き直しましょうね」

彼女は、書いたばかりの字を、丁寧に消しゴムで消した。

彼女は、何度か罪を犯し、咎（とが）められるたび「すみません」と繰り返してきたのかもしれない。

謝るのが口癖になってしまったのだろうか。

彼女には、今度こそ謝らなくても良い人生を歩んで欲しいと思った。

人の行いを消す消しゴムはない。彼女たちに、前を向いた強い心が芽ばえ、育っていってくれるように心から願った。

シールに笑顔で「ありがとう」

たった十二回の師弟関係でも、切れてしまうと思うと残念であり、寂しく悲しい。

何か記念になる物――折り鶴に「さようなら」とか、励ましの一言を書いて贈りたいと思った。しかし、与えられた規定の物しか持つことが許されないのだと言われた。

「折り鶴一つくらい」と言っていると、歯止めがかからなくなるからだろうと、私はすぐ納得した。

小学生が、きれいなシールを貼ってやると大喜びすることを思い出した。「よくできました」「たいへんよくできました」と書いた黄金のシールを「よーし」か「おめでとう」などと力強く言いながらペタッと貼ると、声をたてて嬉しそうに笑う子もいた。

「百円ショップ」に行ってみると、びっくりするほどバラエティーに富んだシールがある。ごちそう、キャラクター、花、力士像など、さまざまである。

一枚のプリントのすべてのところに丸をつけ終わると、「おめでとう。ハイ」とか、「よく頑張りました」とか、励ましの言葉や褒め言葉と共に、シールをギュッと力を入れて貼る。これだけしっかり貼っておけば、

「余分な物を与えている」

とは言われないだろうと思った。

そんなことを重ねていると、ある生徒さんが、ひょいと思いついたように言った。

「このシール、先生、自前で買うたん？」

子どもは、こういうことは聞かないものだ。

「当たり前です。あなた方が喜んでくれると思って、大切な私のお小遣いで買ったんですよ」

私は、すまして答えた。彼女は、心から嬉しそうに笑って、

「ありがとうございます」

と、丁寧にお礼を言った。

「どういたしまして」

私は、ちょっと照れながら言った。

「私の生徒さんは、本当にかわいい」

と、心が晴れ晴れした。それから、

「こんなにかわいい生徒さんが、人の道にはずれたことをしたとは信じられない」

そう思った。

やる気にさせる用紙と筆記用具

「弘法、筆を選ばず」

こんな言葉があるが、私たちは弘法大師ではないので、筆を選ばなければならない。

私は、鉛筆、ボールペン、万年筆二種、筆ペン、細書きマジック、太書きマジックと、時と場合によって使い分けている。

書くことに慣れていない刑務所の生徒さんに、大きくて力強い字を要求するなら、ぴったりの用具を与えなければならない。

鉛筆は優れものである。力を入れても、芯がぐらついたり折れたりしない。力強い字を書くのには、ぴったりだ。

しかし、硬めの芯の先を尖(とが)らし過ぎると、力を入れ過ぎるとすぐに折れてしまう。その上、肉太の字が書けず、小さな字をコチョコチョと書いてしまうようになる。罪を犯した人は、心が内に向いていて自信がないので、どうしても字が小さく薄くなる傾向がある。だから、そういう字が書けない鉛筆を与える必要がある。

世間には、HBが一番良いと思っている人が多いと思うけれど、現在は、新一年生には2B

が最適だというのが多くの人の考えだ。濃いめの芯を尖らせないで、丸めにして書かせると良いとされている。先の丸い濃い芯の鉛筆では、小さな字は書き難いので、自然に大きな太い字を書くようになってくる。

刑務所に用意されている鉛筆はＨＢで、しかも電動鉛筆削りを使うので、芯の先は針のように尖っている。そこで私は、２Ｂの鉛筆をナイフで削って用意して、ここぞという時に貸し出して交換している。

「こちらの方が、きれいに書けます」

と、暗示を与える。

私の貸し出す鉛筆は、普通のものの二倍の値段で、子どもの時に憧れた一品である。私の家は貧困ではなかったが、金持ちではなかったので、私の望みは叶えられなかった。今は、私のもとにたくさんあるのに……。

鉛筆の次に大切なのは、用紙である。初心者であればあるほど、上等な物を与えるべきだと思っている。

はじめは、少し色のついた薄い中質紙であった。「予算がないので」との言葉であったので、私は文具店で紙の値段を調べた。そして、

「三百五十円で百枚買えます。そんなにたくさんお金は使いません。上質紙に替えてください」

と熱心にお願いした。すると、私のお願いしたとおりになった。

「何でも、言ってみるものだ」

と、私は大いに満足した。

まっ白の上等の紙に向かう時、誰でも心が引き締まり、その人の最高の字が書けるのだと信じている。それで、生徒さんに、いつもこう言っている。

「同じ字を三回書く時に、一回目より二回目、二回目より三回目の方が立派でなければ、疲れるだけ損だし、紙がもったいないでしょう」

「私はアホやから」を連発する人

新しい漢字を書く時は、まず、私が白塗板（ホワイトボード）に「一、二、三」と画数を数えながら、大きく書く。その後、右手を前に突き出して、空中で全員が書く。

それから、手もとの紙に書く。この時には、机間指導を行う。間違いを正したり、褒めたりする。

「この字、きれいに書けたね」

と、心から褒めたのに、彼女は、ムスッと、

「おだててもあかん。気色悪い。私、アホやから、何もできへんねん」

と、少しも喜ばない。

「何もできへんことないでしょ。きれいに書けていますよ」

私は再び褒めたのに彼女は、なおも言った。

「私の頭は五歳並みやねん。五歳やから、何も分からへんねん。アホやねん。アホや言うとった方が楽や」

この「アホや言うとった方が楽や」という言葉は、子どもが駄々をこねているのとは違うと

思った。かつては力いっぱい頑張っていたに違いない。頑張っても、「駄目だ。お前の頭は五歳並みやな」と言われたのかもしれない。それで、「私、アホやからできへん」と言ってみた。すると期待されなくなり、楽になったのだろうかと思った。

彼女の字は少し小さいけれども、整っていたし正しかったので、いくら「アホやから」と言われても認め続けた。彼女は、少し気が抜けてきたようだった。

「ここね。止めるのではなく、はねるのよ」

と言うと、彼女は、また言った。

「私の頭は三歳やねん。三歳やからできへんねん」

あれれ、五歳から三歳になったぞ――私は心の奥で笑いながら、彼女のそばを離れた。しばらくして彼女の席まで行ってみると、ちゃんと書き直していた。いろいろと抵抗してみたが、私が困ったりせず平然としているので、諦めたのかもしれない。

次の回の授業の時に、人体解剖図の本を持って行き、全員の前で広げて見せた。

「ここが、人の体の中で重要な部分の脳です。ここが故障すると、考えたり覚えたり動いたりすることができなくなります。三歳くらいで大方の部分が完成します。『三つ子の魂百までも』などと言われるように、三歳というのは大切な時です」

私の言葉を、彼女は真剣に神妙に聞いていた。前回の授業の時に、「三歳やから」と言ったのを覚えているからだろう。

「五歳になったら、ここで、このことを言ってもいいか、言わない方が良いかが分かるようになってきます」

と、私は、さらに話を続けた。

その日彼女は、「私、アホやから」と言うことはなかった。彼女は、理解力は十分に持っているのであった。

きれいに正しく書けている字に赤い大きな丸を描き、ぴかぴか光るシールを貼ると、お礼は言わなかったが、にっこりと笑った。

彼女との授業はあと二回になっていた。

「残りの授業中に、『ハイ』と返事をして、『ありがとう』と言わせて見せるぞ」

と、私は、張り切った。

ところが、次の授業の時、教室に彼女の姿はなかった。私は、がっかりして、

「病気ですか?」

と聞くと、教官が、

「仮釈放になりました」

と答えた。

私は張り切っていたので、がっかりしてしまった。

「刑務所では、こんなことがあるから困るなあ」

と思った。それにしても、教えてくれる人にさんざん抵抗していた彼女は、どうして仮釈放なのか。仮釈放の基準は何だろうと思った。

「篤志面接委員」に委嘱された

「刑務所で、私はどんな立場なのだろう」

何回か授業するうちに、そんな疑問が湧いてきた。

旅費をもらっているので、ボランティアではないし、支援者でもない。臨時教諭でもないし、講師でもない。厳密に言うと、一応、「先生」と呼ばれてはいるけれど「……したら駄目ですよ」と、教師が生徒に言うような口調で女性教官に言われたことが何回もある。

「いったい、私は何者だろう?」

と思っている時に、「篤志面接委員」というのがあることを思い出した。篤志面接委員とは、刑務所や少年院など、全国にある矯正施設に収容されている人たちに対し、面接や指導、教育等を行って、その改善更生と社会復帰を手助けする民間ボランティアである。「なりたい」と申し出ると、「申請しますから、履歴書を出してください」と言われた。

「まるで、就職試験のようだなあ」

と思ったが、言われることに従うことにした。

ところで、私は「履歴書」というものを書いたことがない。教師は、教育委員会からの辞令書一枚で動く。申請しないでも、自然に下りてくる。勤務校と本俸いくらと書いてある。私の場合、最初の辞令は、

「松前小学校　本俸一万八千円」であった。

まず文具店に行って、用紙を買うことにした。大きさがＢ５とＡ４があって迷ったが、Ｂ５にした。受け取った方は、小さい方が扱い易いかなと思ったからである。

その次に写真屋さんで顔写真を撮り、貼りつけた。

こうして、生まれて初めての履歴書が完成した。そして、無事に提出することができた。

そんなことを、すっかり忘れた頃に、授業に行くと、

「篤志面接委員の委嘱状が届いていますから、後ほど、所長室にご案内します」

と言われた。

初めて所長室に入る。所長は女性で、穏やかな口調で語りかけてくださった。所長と個人的な会話をする機会は、この時以来、一度もない。それほど「偉い」方なのだ。

厳かに、法務省からの委嘱状が手渡された。恭しく受け取った後、改めてしっかりと見て、驚いた。

常識的には、一番はじめに「委嘱状」と書かれるべきである。

それなのに、トップに、「法務省」とあった。次に「小﨑佳奈子殿」である。この「殿」は、教育界ではもう大分前に使われなくなり、「様」に統一されていた。

「ほう、政府のお役所らしいなあ……」

私は、変なところで感心した。

「官尊民卑のようなお役所根性が、根強く残っているのだろうか」

身の引き締まる思いにもなったが、

「やりづらいかな」

と、不安にもなった。

年々、篤志面接委員は減っていると聞いたが、その理由が分かるような気がした。

でも委嘱状と一緒に小さなきれいなバッジをもらって、少し嬉しくなった。

生徒さんの作文の持ち帰りは厳禁

私の刑務所での生徒さんは、ひらがなも完璧ではない人が多いが、たまには、ひらがなはマスター済み、漢字も少し書ける、小学校三、四年くらいの力を持つ人の集団の時もある。そういう時には、初歩の作文指導もする。

作文指導では、生徒さんに「また、次も書こう」という気持ちを持たせることが大切である。

私たちが、児童の作品に、赤いペンで何かメッセージを送る時「朱を入れる」と言う。この「朱を入れる」のが適切な時は、児童の作文力は伸びていく。

「大変よく書けましたね」

「とても詳しく書けています。感心しました」

などという「朱」は、児童は喜ぶが、作文力はあまり伸びていかない。喜ぶだけでは駄目である。児童の力が伸びていって、はじめて「指導」と呼べる。

生徒さんが初めて簡単な作文を書いた時、

「これからも書くように、励ましの言葉やアドバイスをびっしりと書いてやりたい」

と思ったが、時間がない。車の準備ができたと言うので、

「持って帰って、家で落ち着いて、しっかりと朱を入れてあげよう」

そう思って、作品をバッグに入れ、駅に向かう車に乗った。

ところが全く思いもよらず、教育担当の上の役の方が追いかけてきた。

「刑務所では、受刑者の書いた物を所外に持ち出すことは厳禁です。私たち所員も一切できません」

と、厳しい表情で言われた。個人情報がもれる可能性があるからだろうか。

「私は独り者だから、誰にも情報がもれることはないけどなあ」

そう思ったが、万一、列車の中に忘れて降りたりすると大変だからだろうか。

この時以来、一度も生徒の書いた物を持ち出すことはない。

作文の束を持ち帰って、休日の朝から夕方まで、懸命に朱を入れていた頃が、懐かしく思えてきた。

「あんまり熱心すぎると、私ができる範囲をはみ出してしまうのだ」

と深く反省し、しっかりと理解した。

「篤面（とくめん）」の初任者研修会に出席

「篤志面接委員」という正式名称は長いので、しばしば「篤面」と略して言われる。

委嘱されてから四年未満の人は、法務省で「初任者研修」を受けることに決まっている。

私は該当するので、出席するかどうかと聞かれた。私は、

「研修会は、面白いとは思われないが、法務省の建物の中に入るなんて、そんな機会でもなければ、できるものではない」

と思ったので、参加することに決めた。

時は十月の下旬、ちょっと遅れて来た台風の影響で、新幹線のダイヤが大きく乱れ、せっか

く取った指定席も、何の役にも立たなかった。

やきもきしたが、研修会が始まるまでに、無事に東京霞が関の法務省に到着した。

法務省の建物は、素晴らしかった。赤レンガの優美で風格のある、いかにも「法務省」という文化財とも言うべき建築物である。何だか東京駅にも似ていて「設計者が同じなのだろうか」と思った。渡り廊下も風情があった。入り口の守衛さんの服装も、威厳があった。

隣接して、テレビの刑事物でよく出てくる「警視庁本部」の高いビルがあったが、法務省の貫禄ある建物に負けて、ちゃちに見えた。しかし、私は、

「さすがに、大東京だ」

と感心しながら入って行った。

研修会は、肩書きがやたらに長い方のお話が次々と続いた。ごもっともな正論が続くと、私は言いたくなってきた。

「そのことは、よく知っております。でも、なかなかできないのが現実です。難しいことだけど、上手くできた例を話してください」

初任者研修会なのだから、

「理屈はよく分かっているのですが、どうもうまくいかず、悩んでいます」

という内容の発表も良いと思った。委員は、みんな大差ないと思うので、みんな「そうだ、そうだ。私も同じ」と思いながら、熱心に耳を傾けるに違いない。

「……するべき」「こう、あるべき」というのを私は、「べき論」と呼んでいる。「机上の空論」である。偉い人が言ってもありがたいとは思えない。実践こそが大切だと思っている。教育界にいる時も、いつもそう思っていた。

研修会の後、「修了証書」をもらった。

仙台での「全国篤面交流会」

東北の仙台で、全国篤志面接委員の交流会があるという案内状が届いた。

仙台には、一度行ったことがあるような気がしたが、何も覚えていないので、随分昔のことだったのだろう。

それに、東北地方の大地震、大津波のあとがどうなっているのかを知りたいと思った。

それで、参加することに決定した。

仙台空港には正午に集合することになっているので、間に合うような飛行機に乗った。

空港には、バスが待ちかまえていた。山交バスといった。運転手は、珍しくも、自己紹介を兼ねて丁寧に挨拶をした。ガイドさんは、ぽっちゃりした愛嬌のある人であった。

バスは、大津波の爪痕が生々しい閖上(ゆりあげ)地区を走って、名物の純米酒「ササニシキ」や「ササカマボコ」の店に案内された後は、伊達政宗の居城「青葉城」に行った。勇ましい、独眼竜政宗の銅像があった。その近くには『荒城の月』（作詞：土井晩翠）の歌詞を刻んだ石碑があって、正面に立つと、滝廉太郎の有名なメロディーが流れていた。

政宗の銅像の台には、家紋が描かれていて、「九曜」の紋だったので、

「我が家の紋と同じだ」

と、嬉しくなった。我が家と伊達家とは何かつながりがあるのかなと思った。

お城見学の後は、宮城刑務所（仙台拘置支所）に向かった。定員一千二十名で男子ばかりだと言う。明治十年、西南の役で囚われ人を収容したのが始まりだとのことである。政宗が晩年住んだ若林城跡に作られた刑務所だとのこと、文化財なので、何かと気を遣うそうである。

現在収容されている人の中で最も長く居る人は五十一年目の無期懲役の人だとのことで驚いた。そんなに長く居ると、社会に出ても経済観念が狂ってしまっていて、暮らしが大変なのではないかと思う。

ここで紹介された「なぞかけ」

無期懲役とかけて、クリスマスと解く、
その心は、ケーキ（刑期）が欲しい……

庭には、政宗が韓国から持ち帰ったという、くねくねと枝が曲がっている「臥龍梅」というのがあった。

翌日、二日目は、東北少年院と青葉女子学園を参観した。

東北少年院では、自動車整備士の免許を取得するために若者が励んでいた。作業場に、自動車（スカイライン？）が、ドンと鎮座しており、少年たちが部品の整備をしていた。話しかけても良いとのことだったので、小さな鉄の部品を磨き続けている少年に、

「ずうっと磨くのは疲れるでしょ」

と問いかけた。彼は、きれいに澄んだ目で、私をしっかりと見詰めながら、

「朝からずっとしています。目標があるので楽しいです」

と明るく言った。私も明るく、

「そうね。やたらにゴシゴシやっても駄目なんでしょうね。今の気持ちをしっかりと持ち続けて、素晴らしい整備士になってね」

と励ました。

「はい」

彼の返事は爽やかだった。将来、日本を支えてくれる、素晴らしい人になるように思えた。

今、彼はどうしているだろう。

午後は、小雨そぼ降る中を、松島クルーズ。その後は、国宝である瑞巌寺の見学。美しい紅

葉の落ち葉が、雨にぬれていたが十枚ほど拾った。本堂では、修行が行われているとかで、たくさんのお坊さんがいた。

その日は「松島センチュリーホテル」泊であった。私の部屋のトイレのウォシュレットの不具合があったので点検を頼んだ。ところが簡単には直らないらしく部屋替えになった。その部屋が、何と、五人家族でも優に泊まることもできる広い部屋で、十二畳半もあった。こんな広い部屋に一人で泊まるのは初めてだったので、強く印象に残った。

今回の仙台旅行の三日目、最終日は、あの大地震、大津波で、たくさんの人々が亡くなり、校舎が壊滅してしまった大川小学校跡の見学であった。災害からかなりの月日が流れたのに、土地の「かさ上げ」工事の盛んな石巻市には、たくさんのダンプカーが土砂を運んでいた。

大川小学校に近い小さな集落を通過する時、ガイドさんの言葉が悲しく響いた。

「あの集落では、子どもたちのにぎやかな声が消えてしまいました。みんな大川小学校に通っていましたが、全員、亡くなってしまったのです。小学生が一人も居ない集落です」

それから、バスは少し走って、大川小学校跡が見えてきた。小さな学校だ。校舎があって、八角形のような講堂とおぼしき建物と渡り廊下でつながっている。校舎のそばの細い道を挟んで、小さな緑の山がある。

渡り廊下は、雑布でも絞ったように捻(ねじ)れている。校舎は、児童が楽しく学んだような形跡もない。児童が何かを育てていたと思われるプランターや植木鉢も、砕け散って、砂利のようになって、広くない校庭にバラまかれている。

「何と、ひどい……」

私たちは、絶句した。私は、児童が小さな手で触れたり、踏んだりしたかもしれない、かけらと石ころを拾って、大切にバッグに入れた。

津波は、第一波は、数センチ水位が上がっただけで、第二波は、一〜二メートル上がっただけだったそうだ。人々はあまり恐れず、逃げようとは思わなかったと言う。

でも、第三波は物凄かった。波の高さは十メートルにも及び、時速四十キロ以上もの速さで襲ってきた。もう簡単に逃げられない状況になった。

現場のボランティアの男性は、熱を込めてそう語った。

運動場の片すみにポールが立っていて、津波到達点を示していた。地上七メートルのところであった。一瞬にして、学校全体が水没してしまったことが分かる。

私は、これらの光景を和歌に詠んだ。

お母さんと　呼ぶ時間さえ　ないままに
　　校舎と共に　散りし　幼児（おさなご）

登校時　快活な声　響きしを

下校できずに　逝きし幼児（おさなご）
幼児（おさなご）の　くずれ落ちたる　学び舎の
門の近くに　コスモスの花
愛らしき　微笑たたえた　地蔵さま
合掌すれば　落つる涙よ
何ゆえに　命散りしか　幼児（おさなご）よ
山はふところ　広げ待ちしに

前日は雨で、山はぬかるんでいたと聞いたけれど、学校に隣接している山に、子どもたちが逃げたとすれば、すり傷を作る子がいたくらいで、全員、助かったと思われた。いくら低い山でも、七メートルどころではないからである。

この事実が、保護者の心を痛めつけているのではないだろうか。無念で、諦め切れないのだろう。

たくさんの児童と教師が亡くなったが、ほんの一部の人は幸いにも無事だった。でも、辛い日々を送っていると聞いて、私の心は痛んだ。

この大川小学校跡での見聞と私の気持ちに短歌二首を添えて、地方紙「河北新報」に投稿すると、有難いことに載せてくれた。思い出深い出来事であった。

この後、仙台空港まで送ってもらえた。

飛行機の搭乗時刻までに、かなりの時間があったので、空港内を見学してみた。

到着した時には、集合時刻を気にしていたので目に入らなかったが、立派な七夕まつりの飾りがあるのに気がついた。

「これが有名な仙台の七夕飾りか」

と、私は感心して見つめた。

機上の人になると、仙台でのいろいろな出来事が、頭の中でめぐり始めた。

レストラン発行の印刷物が教材に

仙台が中心の、宮城県での「全国篤面交流会」の最終日、昼食に「海鮮丼」を食べた石巻市のレストラン「飛翔閣」の店先に、黄緑の紙の「飛翔だより」という印刷物が置かれていた。秀れた内容だったので、一部、もらって帰ることにした。

「刑務所の授業の時に、読み聞かせの教材として使える」と思ったからである。

使える部分を切り取ってコピーを取り、生徒さんに配って、私がゆっくりと読んで聞いてもらうことにした。

良い出会い

明るく前向きな心で、互いに触発されるような出会いを重ねたいものです。もしかしたら今日会う人が、後の人生を変える存在になるかもしれません。

自分にないものを探さない

自分にないものを
探そうとするから
不幸になる
今あるものを
大切にできれば
幸せになる
足りないものばかり追い求めても
自信を失うだけ
今あるものに感謝感謝

決めつけなくていい

どこの学校に入っても
どこの会社に入っても
人生なんて決まらない
たとえうまくいかなかったと思っても
いくらでもチャンスはある

中途半端にうまくいくよりかはいい
その悔しさを忘れなければいい
一番よくないのは
自分がダメだと思い込むこと
たった一度の失敗で
自分の可能性を決めつけないこと
本当に結果に満足できないなら
何度でもチャレンジすればいい
やらなかったことを言い訳にしない
最後に自分が立っている場所が大切

私が一言一句を大切にして、ゆっくりと読むと、生徒さんたちは、難しい言葉もあるのに、真剣に聞いてくれた。

「そうだ。その通りだ。これから先は、そういう気持ちで生きていこう」
と思ってくれれば、本当に嬉しい。

現職の教師は、目の前にいる児童に与えたい話や物語や詩などをたくさん持っている。けれども、やらねばならない教材の指導で、アップアップしている。それどころではないのである。特に二〇二〇年度は、コロナ禍で休業日が多いのに教材は減っていない。教師は、カリキュラムと指導要領にしばられて、すべての児童が理解したら次に進むなどという悠長なことは言っておられない。それが理想的であるべき姿であることは十分に知っている。でも、理想と現実とは、大きくかけはなれている。

刑務所での授業は義務教育ではないので、まだできていない生徒さんを待ってあげることができる。他の人と同じ速さでできなくても、せかしたり、さげすんだりしなくても済む。新しいことを知ること、できなかったことができるようになった喜びを味わうことが、大切である。その満足した時の微笑が、私に対しての最大の報酬である。その報酬をもらいたいので私は、日夜、考え、工夫している。

「篤志『面接』委員」としての活動

せっかく仰々しく法務省からの委嘱状を頂いたのだけれど、国語の授業者としての活動が主である。数少ない「面接」の活動の中で、特に心に残っている事例を記してみようと思う。

ずっと以前、私が若き教師だった時に、カウンセラーの講座を受けたことがある。その時に、カウンセラーとしての大切な仕事を学び、今でも心に残っている。

刑務所での面接では、このカウンセラーの心得の条を守っていこうと決意した。

一つは「うなずき」である。「そう。そんなことがあったのね」と、相手の言葉をそのまま受け入れる。

二つ目は「共感」である。「そう。それは辛かったね。私も同じ事があれば、きっと悲しいでしょう」と、相手の気持ちに寄り添う。

そして三つ目は、「リピート」だと言う。「そう。それぐらいは、大したことがないと思うのね」と、相手の言葉を確かめるために、相手の言葉を繰り返す。

この三つのことを頭に入れて、自分が「どうすべきか」の結論は出さず、相手に出させるように仕向けていく。これがポイントだと、私は学習した。

(1)「私は、いらん子やった」

授業中は聞けないが、面接では聞く事ができることがある。それは、生い立ちや生育歴である。罪を犯す場合には、それが大きく関係する場合が多いからである。

まだ若い女性の面接をした時、いきなり彼女は、

「私、いらん子やった」と、ドキリとすることを言った。

「私、七人兄弟やねん。私は四番目やから、ちょうどまん中。上の子は、初めの子やから、大

喜びされて、大事に育った。下の子は、『かわいい、かわいい』言われて、甘やかされて育った。

私は、いてもいなくてもどっちでもええ『いらん子』やった」

彼女の言葉は重かった。私は、どう言えば良いのか、戸惑っていた。

「『いらん子』と、お母さんが、あなたに言ったの？」

「言うたんじゃないけど、そう思ってると、私は思う」

「どんな時に思うの？」

彼女は、あんな時やこんな時と挙げていった。

「そういう時に思うの。そういう時は辛いね」

と、彼女の心に寄り添った。話題を変えた。

「あなたが病気の時、お母さんは『あんたはいらん子やから死んでもええ』と言ったの」

「そんなことは言わんで、お粥を作ってくれたし、薬も飲ませてくれた」

彼女は、とんでもないという表情で、私の言葉を打ち消した。良かった。

「お粥を作ってくれたし、薬も飲ませてくれたのね」

私の言葉に彼女は、にっこりした。そして、ぽつりぽつりと、お母さんがしてくれたことを、思い出しては語った。語っているうちに彼女は、「自分は必要だし、もしかしたら、大切な子なのかもしれない」と思い始めたようだった。そして「これ以上、人の道に外れたことをして『いらん子』と思われないようにしないといけない」と思い始めてくれたように私は思った。

そのうちに規定の三十分間が過ぎた。

「ありがとうございました」

彼女は丁寧にお礼を言って、扉の向こうに姿を消してしまった。

(2)「たった一万五千円くらいで」

私は女区の授業を担当しているので、男性の受刑者と顔を合わせることはほとんどないのに、一回だけ若い男性と面接した。キリッとした顔立ちの好青年に見えた。

彼は、どうやら窃盗罪を重ねたようであった。犯罪を反復して行った場合を「累犯」と言い、おにぎり一個盗んでも実刑を科せられる。彼は不服そうに口をとがらせて、

「私は、たった一万五千円だけなのに、重い刑を科せられている」と言った。

こういう時のために、私は資料を持っている。お中元やお歳暮の荷物を届けて、宅配便の人

は、一個につきいくらもらうのかということである。再配達で、かなり重い荷物を届けてくれた時に、

「済みませんね。重い物を二度もね。一個届けて、いくらもらうのですか。百円くらい？」

と聞いてみると、

「百円とまでは、いきませんね。八十円くらいでしょうかね」

そう答えて、忙しそうに姿を消してしまった。

建築基準法34条により、高さ31ｍを超える建物（7～10階）には、エレベーターの設置が義務づけられると、一級建築士から聞いた。すると、6階建以下にはエレベーターがない場合もある。ビール一ケースを6階まで運んで行って留守だったら、どんなにがっかりするだろうか。

面接で「たった一万五千円」と言った彼に、私は静かに言った。

「お中元やお歳暮の宅配便を届ける人は、どんなに重い物でも一個につき八十円しかもらえないんだそうです。一万五千円もらうためには、二百個近く運ばないといけないのよ。一万五千円は、他の人の血と汗と涙の結晶かも知れないのです」

彼は利口な人なのか、私の説明を聞いて、「はあ」と大きな息を吐いて、目を伏せてしまった。彼は彼なりに考え、これからについて、正しい道を歩んでくれると良いなと思った。

たびたびテレビや新聞で報道される政治家のお金の問題。百万円単位のお金のやりとりが、誠に曖昧である。そんな大金をもらったのかどうかはっきりしないなんて、庶民の私には信じ

られない。

「私なら、百円でももらったりしたら長い間覚えているし、一円だって、意味のないお金を人にあげたりしないけどなあ」

と、いつも友人に言っている。

国家の指導者である政治家は、お金に関してきれいであってほしい。小さな額でも、きちんとするお手本を示してくれれば、

「たった一万五千円」

などと、他人のお金に手を出す国民は、いなくなるのではないかと思う。

彼は今、どうしているだろう。お金にきれいな生活を送っていてほしい。

護送車に乗った

刑務所で、篤志面接委員の会が開かれた後、会場を移して、次の会が催されることになった。多くの人が動くので、普通の自動車では間に合わない。私は、マイクロバスのような車に乗ることになった。同時に乗り込むのは十人ほどである。

乗り込むと、車内は何だか暗い。普通のマイクロバスとは、何となく違う。

「何だか、この車、様子が普通の車と違うような気がします」

私がボソッと言うと、刑務所の所員の方が言った。

「この車、護送車ですよ。サイレンを鳴らして走ったりしませんけれどね」

私は、ちょっと、びくっとした。

「罪が決まった人が乗る車ですよね」

私が緊張して言うと、

「そうですよ」

と、さらりと言われてしまった。

罪を犯したわけでもないのに、裁判長から量刑が言い渡されたわけでもないのに、護送車に乗るなんて、誰にもできる体験ではないと思うと少し楽しくなった。

着いた所で、私たちがぞろぞろ護送車から降りて来たら、掏摸（すり）の集団が一網打尽にされたのだろうと思われるかも知れないと思うと、おかしくなった。

この時以来、今日まで、こんな珍しい体験は二度としたことはない。

刑務所で授業を終えた後、丁度、護送車が到着することがたまにある。

「見ないでください」

と言われるので、じっと見つめたことがない。

書き写しで心の教育を兼ねる

「書写」では、私が丁寧に筆ペンで書いた文字の右側に、同じ語句を写させる。小学校の低学年とは違って、ありがたいことにここの生徒さんは、語彙(ごい)が豊富である。言葉の意味が分かるし、私が言いたいことを、とことんまで言わなくても察することができる。

「やっぱり大人だなあ。精神は成長している」と思う。

なせば成る　なさねば成らぬ　何事も
成らぬは人の　なさぬなりけり

これは米沢藩の中興の祖といわれる上杉鷹山(ようざん)の有名な三十一文字である。生徒さんには形の取り難い「な」「ね」「ぬ」などのひらがなの練習になる。

「すればできる、しなければできない、何事も、うまくいかないのは、あなたが頑張らないからです、という意味ですね」

と、さらりと言った後で、

「みんなで読んでみましょうか」

と言う。一人ひとり読むのは苦手でも、一斉読は、気楽にすることができるようである。

これは、言葉が易しいので、

「だからね。これからは……しましょう」

といった説教じみたことは言わないようにする。


刑務所の事務室に、どこかのご住職が毛筆で書かれた「ブッダの言葉」が額に入れられて掲示されていた。漢字にはルビが振ってあった。

どこをどうさがし求めても
自分より愛しいものを見い出せなかった
そのように　他人にとっても各々
自己がいとしいのである　その故に
自分のために他人を害してはならない

「漢字のところは、ひらがなでも良いですよ」

と言ったけれども、半数の生徒さんは漢字で書いた。

「漢字の方が、ひらがなよりも程度が高い」と思ったのであろう。難しい方に挑んでいこうと思ったことは、成長の証（あか）しだと、私は嬉しくなってきた。

「愛」という字は画数が多いので、うまく釣り合いが取れないのか、消しては書き、書いては消しているうちに、机の上が消しゴムのカスだらけになった生徒さんを見つけた。

「何度も書き直している人は、自分に厳しくなってきた証拠です。自分に厳しい人は立派な人で、これからぐんぐん伸びてきます。消しゴムのカスは、その印です。少しも恥ずかしいことではありません」

思わぬところで褒めてもらった生徒さんは、心から嬉しそうに微笑んでくれた。

私も嬉しくなって、気持ち良く授業を終えることができた。

山茶花（さざんか）の花弁に触れて

私の家の近くの道路沿いに、泰山木（たいさんぼく）の背の高い木が等間隔に植えてある。花は、まっ白で大きく、見上げては感心している。

そのすっくと高い泰山木の根元を包むように、背の低い山茶花が、直方体を形作って植えられている。

山茶花は厳冬の中でも、思いついたようにチラホラと咲いたりする。早春に近づくと、冷たい風の中でも健気だと思うくらい、たくさんの花が開く。繁った硬い葉っぱの間から、鮮やかな濃いピンクの花が顔をのぞかせる。山茶花はツバキ科の花なので、椿にとてもよく似ている。うっかりすると、間違ってしまうことがあるほどだ。

でも、山茶花と椿とは、散る時になると全く違う。椿は花ごとポトンと落ちるが、山茶花は、花弁が一枚一枚、バラバラになって散る。椿は、花の落ちようが首が落とされるようで、縁起が悪いと昔は武士に疎まれたそうだ。今でも、入院患者のお見舞いには向かないとされている。

ある朝、刑務所に行く途中に、山茶花の多くの花が散って、花弁が根元近くにたくさん落ちているのが目に留まった。散ったばかりなのか、鮮やかな濃いピンクの花弁である。

丁度「さざんか　さざんか咲いた道」という童謡『たきび』（作詞：巽聖歌／作曲：渡辺茂）を歌う予定だったので、見せようと思った。私は腰をかがめて拾い上げて、大切に袋に入れた。

授業の途中、『たきび』を歌う前に、私は一人ひとりの手の平に、ピンクの花弁を乗せていった。生徒さんは歓声を上げた。

「わあっ、きれい」

考えてみれば、刑務所の中でこんなに鮮やかな濃いピンクの物を見ることはないのだろう。普段の衣服の色は、お世辞にも鮮やかだとは言えない。だから、山茶花の花弁のような色の物に飢えていたのだろうかと思った。

　刑務所に来るようになって、責任者の方に、

「あまり派手な服装や、キラキラしたアクセサリーは、やめた方がいいのでしょうか」

と質問したことがある。答えは、予想に反して、

「かまいませんよ。派手な格好を見て、早くあんな格好ができるといいなと思わせてください」

だった。そうかなと思ったけれど、生徒さんの気持ちを荒れさせるような気がして、思い切れない。暗い感じではないが、あまり明る過ぎなのは憚（はばか）られる。

刺青（いれずみ）は元彼（もとかれ）の頭文字

　一斉指導が終わると、机間指導に移る。一人ひとりに、細かい指導をしていく。

　ふと見ると、三十歳代と思われる生徒さんの左手の中指の一番甲に近いところにある刺青に目が留まった。普段は、そういうことは尋ねないのだが、小さい声で聞いてみた。

「これ、なあに。小さな花か虫ですか？」

　すると彼女は、あっけらかんとして答えた。

「いいえ、梵字（ぼんじ）です」

「ああ、インドの仏教に使う字ですかね。何か尊い意味があると聞いたことがありますが、どういう意味ですか？」

「意味は知りませんが、元彼の名前の頭文字です」

「元彼ですか。今の彼でなくて残念ね」

「そうです。しまったと思っているところです。今の彼のだったら良かったのに」

　こんな会話が続いた。

　彼女は、色白の奇麗な女性なので、よくモテたのだろうと思った。

　それにしても、指なんて、肉のあまりないところなので痛かったろうと思った。消す時は彫(ほ)る時よりも痛いと聞いているので、大変だろうと思って同情した。

　教室で刺青のことを話したのは、もちろん初めてのことであった。

元教師は疑うことを知らない

二〇一九年に、私は「腰椎椎体固定術」という手術を受け、二か月ほど入院した。私の背骨は湾曲していることもあって、転倒する危険性があるというので、退院する時に医師は、手押し車（シルバーカー）を使用するようにと勧めた。

シルバーカーは、前方に籠（かご）があって、かなりの量の荷物が入って便利である。頑丈にできているので、疲れたら椅子代わりにもなる。唯一の欠点は、重いことである。

生徒さんとの学習の十一回目、籠の中に荷物を全部入れたまま、教室に行った。このくらい回を重ねると、生徒さんとは気心も知れ、お互いに信頼感が深まってくる。

学習が終わって、生徒さんが二列に並んで規則通り足並みをそろえて教室から出て行った後、私は籠の中からバッグを出し、机の上に置いて使っていたペンを入れようとした。

バッグの中をチラッと見た教官は、私のピンクの財布に目を留めて、

「教室に財布を持ち込んだら駄目ですよ。あの人たちに、罪を犯させることになりかねません」

と、怖い顔で叱りつけた。私は驚いて、

「もう十回以上も授業をして、お互いに信頼感が生まれています。いろいろなことを教えてく

れる先生のバッグに手を入れて、抜き取ろうなんて考えるはずがありません」

と反論した。すると、彼女は言い放った。

「そんなことは言えません。何しろ、窃盗を重ねてきた人たちなんですから。精一杯頑張って立ち直ろうとしているのに、財布を見ることによって、心が揺れるかも知れないと考えるべきです」

私は悲しくなって、

「あの、奇麗になってきた瞳を見ると、疑いたくありません」

と、半泣きになって言い返した。

「現実は、そんなに甘くありません。私たちには、彼女たちが罪を重ねないように、十分に配慮する義務があります」

彼女の表情は、厳しいままであった。

私の歩んで来た教育界では、人を信じることから始まる。同じ教育界に長年いた父は、

「まず、子どもを信じなさい。百回、子どもが嘘を言ったり騙したりしたとしても、百一回目は、そんなことはしないと信じなさい」

と、なりたての教師だった私に言った。

「教師くらい騙し易い人はいない。だから、すぐ詐欺に引っかかる。それは、教師は人を疑う

ことをしてこなかったからだ」

と、世間の人は言う。

身長が百六十センチもある私なのに、私よりも大きな児童が五人もいるクラスの担任になったことがある。この子どもたちが束になって襲ってきたら、女性の私は、ひとたまりもない。けれども、かなり厳しいことを言っても、そんなことは決してしないと信頼して、毎朝子どもたちの正面に毅然として立った。全く疑うことをしないから、堂々と授業をすることができたのだった。

刑務所内の教官だって、受刑者を信じて疑いたくないだろう。でも、それが裏目に出たら彼女たちのためにならない。それで「窃盗を重ねてきた人は、また、するかもしれない」と考えなくてはならないのだろう。思えば悲しい職務である。

帰りの新快速の座席で「窃盗を重ねてきた人は、また同じ罪を犯すかもしれない」なんて考えることが私にはできるだろうかと思うと、涙が零(こぼ)れそうになった。

思えば、人を信じることだけで過ごすことができた教師生活は幸せであった。その幸せな世界に、私は四十年近くもいることができた。千人近いかつての教え子たちの顔を、次々に頭に浮かべた。

母待つ子らの涙か

何かの拍子に、

「ここに美しい女神が現れて、何か一つだけ願いを叶えてあげようと言ったら、何をお願いしますか？」

とたずねたことがある。

「サーモンのおすしが食べたい」

などと言う人もいたが、

「会えなくなっている子どもに会いたい」

「まだ一度も孫に会っていないので会いたい」

と言うのには、心が打たれた。

会えなくなった子どもは、まだ幼いのだろう。母の匂いと温もりが恋しいのだろうに。母である彼女もまた、幼い子のやわらかい肌が手の届かない遠い所にあることが、限りなく辛いのだろう。

孫は、子よりも、なおかわいいという。ちっちゃな手を握りしめたいに違いない。子や孫のことを思うと、眠れぬ夜もあることだろう。

刑務所の塀に沿って、桜の木が二列に並んで植えられている。まだ若木なのだろうか、細くてまっすぐに伸びている。パッと咲く、華やかで豪華な花ではなく、ちらほらと遠慮がちである。愛でる人もなく、ひっそりと咲いている。

春風が吹くと、はらりはらりと花弁が散り始める。

心の中に、一首浮かんだ。

刑務所の　若き桜の　落花の舞い
　母待つ子らの　流す涙か

次の授業の時に、私の心に教師の本能が湧き上がってきて、生徒さんたちに話した。

「たくさんの梅の木の中に、桜の木が一本あったとします。梅の木が次々に時期を感じて咲いていったとしても、桜の木はつられて咲いたりしません。桜は、自分は桜だと心得ているからです。誇りを持って、遅れて、ひとりで花びらを広げます。桜は、人が見て愛でたり褒めたりしてくれなくても、精一杯、美しい姿を見せます。周りの人の目ではなく、自分に正直に生きることの方が大切だと思うからでしょう」

この話で、私の意図することが分かってくれるといいなと思った。

「だから、あなたたちも……」

などと言わない方が良いのである。道徳の授業は、かくあるべしと思っている。

鉢植えのピンクのハイビスカスと白のハイビスカス

二〇二〇年の年明けは楽しくハッピーであった。けれども、得体の知れない「新型コロナウイルス」が出現し蔓延（はびこ）ってくると、世界の様子は一変した。今まで普通にしてきたことが、普通でなくなり、異常になってしまった。

寒く厳しかった冬が過ぎて、木々が芽ばえ、小さな野の花が咲く早春は、少しも明るくならなかった。

春を英語では「スプリング」と言うが、春のほかに「バネ」とか「泉」という意味もある。つまり、跳び跳ねたり弾んだり、湧き上がったりする季節なのである。


「高齢者は、特に『不要不急』の外出は、できるだけ自粛してください」

「高齢者は、感染すると重篤化して、死に至る率が高くなります」

こんなふうに、朝な夕なに放送され、新聞も書き立てた。

私は、どういう角度から見ても「高齢者」であるが、

「これは、必要であり急ぐのだから」

と言って、平気で街を歩いた。

「不要不急で出歩くのは『徘徊』と言う。私のは立派な外出である」

などと思ってみても、気分は晴れ晴れしないので、

「せめて、鉢植えの花を買って世話をしよう」と思った。

国際会館の前の広い通りから逸れて狭い道を行くと、花屋がある。あまり広くもない店の中は、花々が押し合いへし合いしている。ここは、大通り沿いの花屋よりも少し安い。店からはみ出した所に、鉢植えの花が、たくさんあった。草花もたくさんあったが、私は木に咲く花を買おうと思った。

ハイビスカスは、温暖な地方に自生する花で、明るく華やかである。端っこのハイビスカスの木には、ピンクの花弁をちょっとのぞかせた蕾（つぼみ）が八個付いて、元気いっぱいのようであった。私は気に入って買い求めた。お代は九百八十円であった。

鉢は、日当たりの良い窓際に置いて、たっぷりと水を注いだ。翌日、日が昇り始めると、蕾は膨らみ始め、正午前には、大きな見事な花弁を精一杯広げた。

「お見事。ありがとう」

私は褒めて、丁寧にお礼を言った。

ハイビスカスの花弁は、日が西の方に傾き始めると少し閉じ始め、夜の帳(とばり)が下りてしまうと、クレヨンのような形になってしまった。翌日には、ポトリと落ちてしまった。

「何とまあ、花の命は短いのだなあ」

私は少し、しんみりした気分になった。南の国へ行くと、ハイビスカスの花がたくさん咲いているので「長く持つ花だ」と思いがちだが、昨日と今日は別の花なのである。

ピンクのハイビスカスを買ってから数日後、同じ店で白いのを買った。蕾が十二個も付いているのに、三百八十円であった。

白いハイビスカスの鉢は、ピンクの隣に並べて置いた。二種類の花は、競うように咲いた。すべての蕾が広い花弁を開いて閉じてしまうと、鉢の上には、濃い緑の葉がたくさん残った。花がなくなって淋しくなっても諦めてはならない。その後も根気強く水を注ぐと、一か月余り後に、また咲くのだ。私は、今までに経験があるので知っている。

「また咲いてね」

と、声に出して言う。そして、愛を込めて、水を注ぐ。

花が全部咲き終わってから一か月半ほど。ピンクのハイビスカスには、かわいい蕾が付いた。はじめと同じ八個である。それらは日光を十分に受けて、一つ、また一つと咲き始めた。でも、白の方は、全然蕾が付かなかった。ピンクの方は九百八十円、白の方は三百八十円なのだから仕方がないのかと思ったけれども、白の方に話しかけた。

「あなたも咲こうと思ってるのでしょ。きっと咲いてね。約束ね」

私は勝手に約束を押し付けた。ハイビスカスは、果たしてどうするだろうか。

二回目も、ピンクの花は見事に咲いた。八個目の蕾が咲き終わると、また、葉ばかりになった。私は、根気強く同じ言葉をかけながら、水を注いだ。

やっぱり一か月余り経って、ピンクの方にはまたたくさんの蕾が付いた。それが一個また一個とあでやかな姿を見せていくのに、白い方は沈黙を続けた。私は語りかけ続けた。

「あなたも咲いてくれるでしょ。ピンクより遅れても、ちっとも構わないのよ。ゆっくりと精一杯ね」


ある晴天の日の朝、白の方の窓に一番近い所の枝に、蕾が三つ付いている。私は驚いて、

「ありがとう。やっと咲く気になってくれたのね。私の一方的な約束を守ってくれたのね」

白のハイビスカスの健気さに涙が零れそうだった。

小さな蕾は、ほんの少しずつ膨らんできた。すると不思議なことに、すぐ咲きそうだったピンクの方の蕾が、ぴたりと膨らむのをやめてしまった。

「待ってるからね。君も、一生懸命に頑強れよ。遅れることは恥じゃないよ」

そのピンクの方の様子は、まるで白の方に言っているように思えた。

奇跡のようなことが起こった。ある朝、ピンクと白のハイビスカスは、同時に花弁を開いた

のだ。心なしか、白の方が少し大きいように思えた。

　そして、買ってすぐはたった一日しか持たなかった花の命が三日も持った。その後ピンクの方は、以前のようにクレヨンのようになってぽとりと落ちてしまったのに、白い方は三日も多く、艶姿（あですがた）を見せてくれたのだった。

「植物にだって励ましの言葉をかけてやると良いのだよ。菊なんか『きく』と言うくらいだから、しっかりと聞いているよ」

　と言った菊作りの名人がいたのを思い出した。


　植物でさえこんな具合なのだから、豊かな感性を持つ「人」ならばそれ以上である。「大器晩成」の人もいる。反応や動作が他の人よりもずっとずっと遅いけれども、素晴らしいことを成しとげる人もいる。

　こういうことは、誰でも知っているし、教育という場では、そうすべきだと分かっていて、それが「一人ひとりを大切にし、個を活（い）かすことになる」ことだって、みんなが知っている。

　でも、実際の教育現場では、時間の割には、あまりにも教材が難しく多過ぎて、一人、二人と置いていかれる。そういうことを、私は長い間無念に思い、悲しがってきた。現在の教師も同じではないだろうか。

　幸いにも刑務所には「これを教え込まねば」という縛りはない。実態に合わせていける。

一つのクラスの刑務所の生徒さんの中にも、さっさと手早くできる人と、他の人に遅れてしまう人がいる。でも、出来上がっても、優しく待ってくれる。

「早く、しいよ（しなさいよ）」などと、せかす人はいない。

それは今まで、世間で他の人に遅れたり、できなかったりして、辛くて惨めな思いを何度もしてきたからだろう。何でも人並みにできてきた人には分からないことが、ここの生徒さんには分かるのだ。

この気持ちが、社会に戻っても活かされるといいなと私は切に願う。

時間に厳格

授業があと少しというところで、時間切れになってしまうことがたびたびある。それは、簡単だと思った作業に、生徒さんが予想したよりもずっと多くの時間を費やすからである。もうちょっとだけ時間があれば、全員、出来上がるのに……。

「あと五分、駄目ですか」

と言ってみるが、「次の予定がありますから」と言われてしまう。それで、心残りだけど打ち切ってしまわなければならない。

新快速電車は、西明石の次が加古川である。西明石駅を発車した電車は、しばらく家並に沿って走るが、やがて広い田畑に出る。

すると山陽新幹線が現れて、二十秒足らず並走してから、やがて矢のように私の乗っている新快速電車を追い越して姿を消してしまう。

「ほう。さすが新幹線は速い」

私は心から感心して、その素晴らしい車体を見送る。

この光景は、毎週同じだった。たった二十秒そここの出会いだから、新幹線も私の電車も同じ時刻に発車し、同じスピードで走行していることになる。これは、もう驚くべき正確さである。外国の人々が感嘆するのは当然である。

時間を守ることに厳格なのは、日本の文化なのであろうか。民間がこんな調子だから、法務省の管轄である刑務所もまた、時間に厳格なのかなと思った。

受刑者の一日のスケジュール表を見ると、「六時半起床」、「六時四十分点呼」となっている。ほんのわずかの時間しかない。「あーあ」とあくびをしたり「伸び」をしたりして、のんびりと目覚めることはできないだろう。これは、なかなか大変なことだろう。

刑に服しているのだから仕方がないのだろうかと、考え込んでしまった。

帰って来てはいけません

生徒さんは、文字を一生懸命に書いている時にも、ひょいと関係のないことを言うことがある。まるで、小学校の一年生のようである。

七十五歳のKさんが、字を書く手を止めて、

「私、あと一か月半で、ここ、出て行くねん」

と言ったので、本当かな？　とは思ったが、

「そう、良かったですね」

と言った。すると、彼女は真面目な顔でこう言った。

「ほんでも、また帰って来るねん」

私は、とんでもないと思って、

「駄目よ。ここはね。一回出たら、帰って来てはいけない所よ」

と、慌てて彼女の言葉を否定した。すると彼女は、

「ここは、ええとこや。ここで死ぬねん」

と、ますます真剣な顔で言った。

「今、七十五歳でしょ。百歳まで生きるとしたら、後、二十五年も、ここにいるんですか」

私の言葉に、彼女は「そうかなあ」というような顔になったが、あわてて鉛筆を握りしめて、字の続きを書き始めた。

自由の時間も勝手に寝ころがってはいけない、大声を出したり歌ったりしてはいけない、勝手にハンカチを洗ってはいけないなどと、いけないことだらけの刑務所が「一番ええとこや」と言う彼女は、いったいどういう所にいたのだろうと思った。

酷暑や酷寒の時には、特にホームレスは辛いだろうと思う。刑務所には家がある。三度の食

事が与えられるし、入浴もできる。病気になったら、一流の病院で治療してもらえる。第一、無法者に襲われたり投石されたりすることなく、絶対的に安全が保障される。だから、刑務所が「ええとこ」なのだと言い切る人の気持ちが分からないでもない。

でも、人が生きていく上で一番大切な「自由」がない。トイレに行くのさえ、許可が要る。洗濯も、決まった日にしかすることができない。自分の生活を工夫することができないのだ。

「こんな生活から抜け出して、自分の生活は自分で守りたい。できるなら、人のためになることをしたい」

と思わなければ、本当の意味での更生はできないのではないかと思った。

それにしても、Kさんは今頃どうしているだろう。まさか、刑務所に帰って来てはいないだろうなあと、時折、気にかかる。

私たち教師は、六年生の担任として、子どもたちを中学校に送る時に、

「卒業してもいつでも帰って来て、卒業後のことを話してね。待ってるからね」と言う。

それが、刑務所では言えない。

「もう、帰って来てはいけません」

と言わなければならないのが寂しくて悲しい。

このことは、刑務官も時折、感じることがあるのではないだろうか。

出番を待つ　詩吟『母』

私たち教職員は退職すると、「学校厚生会」の会員となっていろいろな恩恵を受ける。「こうべ本を読む仲良し会」の活動も、その一つだ。

私が七十七歳になった年に、「米寿・喜寿を祝う会」に招かれた。コロナ禍の今となってはあり得ない、密集した老人の集団の中に私もいた。私よりもずっと年上の人から、祝辞の中で、

「ご長寿、おめでとうございます」

と言われて、「ああ、私は長寿なのか」と思ったものだった。

祝辞の後、いろいろなサークルの発表があった。コーラス、舞踊、手品などの中に、詩吟があった。『出郷作』（佐野竹之助・作）は水戸藩士が井伊大老を討つために故郷を出発する時のことを詠んだ詩で、私は心を打たれた。

私は十代の時から、詩吟に憧れの気持ちを持っていた。

高校生時代の日本史の先生が熱血漢で、ご自分の好きな所になると、声高らかに夢中になるので、若き乙女の私は聞き惚れた。その中でも、二つの場面が特に印象深い。

一つは『川中島』である。話のついでに、頼山陽（らいさんよう）の「不識庵機山を撃つの図に題す」という

漢詩も教えてくださった。

「鞭声粛粛（べんせいしゅくしゅく）　夜河を過（わた）る」

という句は、今でも心に残っている。

「長蛇とあるが、長い蛇のことではない。武田信玄のことである」

という先生の語り口まで覚えている。

もう一つは『白虎隊』である。

「会津藩の十六～十七歳の若い藩士の子弟たちが飯盛山で『腹かっさばいて』死んだ」

と、先生は語られた。「腹かっさばいて」という言葉は強烈に、私の心の中に入った。

後日、『白虎隊』（作詞：島田磬也／作曲：古賀政男）の楽譜を借りることができたので、前奏から熱心に写譜した。

「戦雲暗く　陽は落ちて
　弧城に月の　影悲し」

歌のところは、楽譜があるので、すぐに歌うことができた。けれども、次の詩吟のところは、さっぱり駄目だった。

「南　鶴ケ城を望めば　砲煙上がる
　痛哭　涙を飲んで　且つ彷徨す」

いつの日か、ここを吟じたいと思い続けて六十年の歳月が流れた。

この「米寿・喜寿を祝う会」で、詩吟を聞いて、「私も、詩吟を習おう」と思い立った。「思い立ったが吉日」の言葉どおり、決心が変わらぬうちにと、その日のうちにＫＣＣ（神戸新聞カルチャーセンター）に行って、詩吟の講座があるかどうかと問うてみた。

あるということだったので、さっそく体験レッスンを受けてみることにした。

レッスン生は、みんなベテラン揃いであった。十年も二十年も、それ以上もやってきたという人に、体験ゼロの私が入ろうと言うのだから、先生は大いに驚き不安になってこられたようだった。

「いったい、何がしたいんですか？」

詩吟の講座で「何がしたいのか？」とは不思議な問いであった。私は悪びれずに答えた。

「『川中島』と『白虎隊』です」

「そうですか。『白虎隊』は『戦雲暗く』のあれですか。すぐ、できるようにしてあげます」

先生は、少しホッとしたような表情になった。私の年齢では、「昔やっていたから、改めて習おう」という人が主で、「経験ゼロ」の人が習おうなんてことは珍しいことのようであった。

この日から私は、朝、昼、晩と熱中して『川中島』『白虎隊』に取り組んだ結果、どうにか詩吟みたいになってきた。

先生は「教え甲斐がある」と喜んでくださったようで、自己紹介の時に「刑務所で授業をしています」と言ったのを思い出されて、

「あなたには、丁度ふさわしいのがあります。松口月城という人の『母』です。ＣＤに吹き込んで来てあげますよ」

そう言ってくださった。本を開くと絶句（四行詩）ではなくて、七言律詩（八行詩）だった。

母　松口月城

非行少年泣囹圄　非行の少年囹圄（れいご）に泣く
無限悔恨思欲窮　無限の悔恨（かいこん）思い窮（きわ）まらんと欲（ほっ）す
噫吾過矣吾過矣　噫吾過（ああわれあやま）てり吾過てり
終夜不眠獨房中　終夜眠らず独房の中（うち）
上頭思母伏枕母　頭（こうべ）を上げては母を思い枕に伏しても母
慈顔如佛浮我瞳　慈顔仏（じがんほとけ）の如（ごと）く我が瞳に浮かぶ
海嶽恩愛今始識　海嶽の恩愛今始（はじ）めて識（し）る
一輪寒月照獄窓　一輪の寒月獄窓を照らす

※囹圄＝獄舎・牢屋

大きな母の愛に包まれて育ったのに、ふとした事で罪を犯してしまった少年の悔恨。

私は、朝、昼、晩、十回ずつ練習した。罰を受けている少年とその母の切ない思いに、涙を流すこともあった。

「吟じる人が泣くのではなく、聞いている人が泣くのでなければ駄目だろう」

と思いながらも、練習を重ねた。

詩吟のレッスンでは、はじめに、新しい詩を先生の後につけて合吟する。後半は、一人ひとり、好きなのを順番に吟じる。

私は、『母』ばかり聞いてもらった。先生は時折、部分的に指導してくださったが、たいていは「うん」とだけ言われた。

何回も重ねた後、ある日、

「かなり、練習しましたね」

と言われた。別に褒めるわけではなく、感心してくれるわけでもないのに、私は嬉しくて、微笑んでいるのが分かった。

この先生は、お世辞を言ったりおだてたりすることは全くないが、できなかったことをできるようにさせ、学ぶ者を微笑みさせる。それは、理想的な「教える者」の姿だった。

私は、刑務所で授業する時には、ぜひともこのことを覚えて励みたいと思う。

この『母』は、少年院が舞台になっているけれども、刑務所でも十分に通用すると思った。一つ心に引っかかることは、私の生徒さんたちがみんな母の愛をたくさん受けて育っただろうかということである。そういう人なら、

「たくさん愛してくださったお母さんを、悲しませてはいけないでしょう」

と言うことができる。

それで、教育の責任者の方に確かめてみた。そうすると、親に愛されて育ってはいない人がいることが分かった。

私は、『母』を吟じるのがかなり上手くなってきたけれど、まだ生徒さんの前で吟じることはできていない。

どこかの少年院で聞くにふさわしい少年が見つかったら、ぜひとも心に灯をともそう。

「かわいい」と褒めてくれた

二〇二〇年の正月の二日、私は例年どおりに初詣に生田神社に行った。いつもながらの大混雑で、本殿に向かう参道はギュウギュウ詰めの満員電車のようで、のろのろ行進だった。わずかな額のお賽銭でこんなにいろいろお願いしたのでは、神様も「つり合わないだろうな」と思いながら、手を合わせた。

ずらりと並んだテントの店からは、強烈な「イカ焼き」や「焼きそば」の匂いが風に乗ってきた。本堂の近くには「ベビーカステラ」の店がある。青年を過ぎたばかりの若い男性が、見事な手さばきで焼いているのに感心して、私は「凄いですね」と言いながら見つめていた。どろりとした材料を鉄板のくぼみに流していくのは、神業のように速くて正確だった。

彼は、私が熱心に見ながら、しきりに「凄い凄い」と言うので、ますます張り切って、調子に乗ってきた。

鳥居の向こうに、キリスト教の宣伝カーが居て、「神は偉大である。今すぐ、自分の行いをかえりみて……」と大声で大衆に向かって呼びかける。神道の参拝客に異なる宗教の呼びかけることができる国は、世界にそれほどはないだろうと思いながら、家路を急いだ。

正月気分がほとんど消えてしまった一月末、「中国の武漢で新型コロナウイルスの感染者がたくさん出て、都市封鎖をしている」というニュースが流れた。でも、私は、「武漢ってどこにあるのだろう。大変だなあ」と思っただけであった。

二月になると、大型豪華クルーズ船「ダイヤモンドプリセンス号」の中で患者が出て、感染が広がっているというニュースが連日流れた。

三月に入ると、コロナの話題は深刻になり、「三密」「中止・延期・自粛」という言葉が飛び交うようになった。

初詣が、密集した人々の見納めになってしまった。このコロナの難しいところは、感染しても無症状の人も多くて本人も気づかない、そのくせに人に感染させる力は強い、というところである。たくさんの店が閉まった。イベントは中止、習い事もすべて休業。学校は、長い夏休みよりも長い休業になった。

刑務所も三月までで、四月からは出入り禁止になった。

刑務所の部屋は、狭いのに六人も居る。密集で密接である。部屋の人全員が濃厚接触者になる。あっという間に蔓延してしまう。今までも、インフルエンザが流行した時には、大変だったとのことである。コロナは、特効薬もワクチンもないのだから、刑務所の職員以外は出入り禁止となるのは当然のことである。

八か月も休みになった後、十二月になってやっと、授業をしても良いという許可が出た。安心したが、事情が感染症なので、いつもはして来なかったが、授業の前に打ち合わせに行った。

新しい生徒さんは四名。その構成メンバーは、八十六歳を筆頭に、八十二歳二人、七十歳台一人である。高齢者集団である。今までも高齢者はいたが、たまに一人混じるくらいであった。これまでは、八十歳か少し年上の人が最高齢であった。今度は難聴の人もいるというので気に留めておかねばならない。

これまでは、授業の始めは歌にしていた。ところが、歌うのは禁止になった。それから、授業中はマスクをして、その上にフェイスシールドを着けるように言われた。

マスクをすると表情が出ないので、授業はやりづらい。発音は不明瞭になりがちだし、フェイスシールドに声が反響して奇妙になる。二つとも取り去りたいが、着けることが至上命令なので仕方がない。

二回目の授業の時である。マスクの紐がフェイスシールドの合わせに引っかかって、はじけてしまった。私は慌てて、しっかりと着け直そうと二つとも取り外した。初めて、私の顔全体を生徒さんに見せることになった。すると、一番前に座っている生徒さんが驚いたような声で、

「やあっ、先生、かわいいわ。鼻筋通って、美人やわぁ」

と言った。私は、大変嬉しくなって、

「そうよ、美人でしょ。初めて知りましたか。マスクで顔を隠すのは、本当は嫌なんですけどね」と、誇らしく言った。彼女は、笑って、

「コロナやから、しょうないわ（仕方がないわ）」

と言った。私は、本当に困った声で言った。

「いやなコロナね。何とかならないでしょうかね」

このようにして、笑いのうちに授業が終わった。一斉の挨拶の後で、八十二歳の生徒さんが、子どものようなあどけない笑顔で、

「ありがとうございました。楽しかったです。次の授業が楽しみ」

そう言ってくれた。

何という有難く、嬉しい言葉であろう。それが欲しいために、私は熱心に授業研究をし、寒風吹きすさぶ日もここに来るのだと思った。

帰りの列車の中で、あれこれと次の授業のことを考えていた。

「どうしてあんなことをしてしまったのか」と泣く生徒

授業が終わって、他の人たちは教室から出て行ったのに、一人だけ残って椅子に座ったままの生徒さんがいる。

「あのう、ここに、今日の『牛』という詩を書いてもいいですか」

彼女は訴えるような目で言った。

授業が終わると教官は、今日の記録を書くための紙を配布する。字がまともに書けない人に要求するのは無理なことだと、いつも私は思っている。彼女には、自分の考えで文章を書くのは難しい。だから、今日学んだ詩（新美南吉作『牛』）を視写しても良いかと聞いているのだ。でも、私が配布した物ではないので、良いとも悪いとも答えられない。

黙っていると、教官は「いいです」と言ってくれた。私は、ほっとした。生徒さんも、安堵して、にっこりした。その後で、

「私、八十四歳（八十二歳と聞いていたが）にもなって書かれへん」と言ってから、

「ええ歳をして、あんなことしてしまって、もう恥ずかしい。死にたいわ」

と涙を流した。私は困ったが、

「大事なのは、これからですよ。これから、私と楽しく勉強しようね。『死にたい』なんて言わないでね。それだけ反省しているんだったら、もう二度と、恥ずかしいことはしないと思いますよ。一緒に頑張っていきましょう」

そう言って、彼女の両手を握った。その手は、人生の荒波を乗り越えてきたのだろう。女性とは思えないほど、ゴツゴツしていた。

「ありがとうございました」

彼女は椅子から立ち上がった。

ありがたいことに、教官は彼女の心を察して、優しくエスコートして、教室から退出した。

私は、これから先、彼女が再び涙を流さない道が歩めますようにと願った。

別れに涙を流す

十二回の授業の最後の日、私は言う。

「今日は最後の日です。頑張りましょう」

自分の言葉に寂しくなってしまうが、気を取り直して淡々と授業を進める。

「これだけは、できるようにさせたい」

そう思うことはたくさんあるが、一つだけ選んで強調する。たいていは、手紙の形式を取り、私が静かにゆっくりと読み上げる。宛名は、「大切な私の生徒のみなさん」である。ここでは一人ひとりが、地球上でたった一人しかいない人であることと、周りの人もまた一人しかいない尊い人であることを説く。そして、これから先、心と身体を大切にして生活して欲しいと結ぶ。

最後の「さようなら」の後で、

「この教室で勉強したことが、何かの役に立ちましたか」

と問いかけると、一番前の席の生徒さんが、大粒の涙を流し始めた。彼女は、家庭の都合で、全然、学校に行ったことがないと言った。初めは、鉛筆の持ち方もぎこちなかった。指の関節が異常なほど硬かった。

「力を抜いて、この指は、こうして……」

彼女に触れて教えると、後で教官に、

「彼女たちの身体には触れないでください。後で『触れられたから痛くなった』と訴えられても困りますから」

という注意を受けた。

「へえ、そうなのか。難儀なことだなあ。スキンシップは駄目か」

と、がっかりしたが「ここは学校じゃないんだから仕方がない」と、私は納得した。

今まで一度も学校で学習しなかった彼女が、ひらがなと簡単な漢字が書けるようになったのだ。だから、もうここで勉強できないのかと思って、別れを惜しんでくれたのだろう。

嬉しい涙だった。

「もう二度と、彼女たちと会うことはないのだなあ」

そう思うと、私も泣けてきた。そして、整列して退出して行く生徒さんの背中を見つめながら、小学校の教師であった頃を思い出した。子どもたちと、朝「おはようございます」と言い、授業が終わると「さようなら」と言う。いつも同じであったが、三学期の終業式の日だけは、違っていた。

「もう、この子たちが、この教室で、このような席順で並ぶことは、これから先はない」

そう思うと、私の「さようなら」の声は震えた。

子どもたちは、成績表や、ロッカーの中の物などを両手いっぱいに持って、いつものように、おしゃべりをしながら帰って行った。

子どもたちの去った教室は寒かった。

刑務所でも同じだった。

生徒さんの去った教室は、暗く寂しかった。

野の花はさりげなく咲く

授業する教室に向かう渡り廊下の両側に、中庭にも見える空き地には、背の低い雑草が生え、小さな花が咲く。

「これだけの広さがあるのだから、お芋など栽培したら良いのではないでしょうか」

私は、ボソッと言ってみたが、相手にされなかった。

雑草は、時々草刈り機が入れられ、散髪した後のようになる。けれども何日かすると、刈られたはずの草は命をふき返して、伸びてくる。決して生きることを諦めない。

私たちは「名もない花」などという不用意な言葉を使いがちである。しかし、植物分類学者の牧野富太郎氏は言った。

「世の中に『名もない花』などは存在しない。どんな小さな、みすぼらしく見える花にも、きちんと名前が付いている」

私たちは、バラやチューリップなどは知っている。でも、目を近づけないと確かに確認できないような花の名前は知らない。

「オオイヌノフグリなどという名前は失礼かもしれないね。本人が聞くと、気を悪くするでし

ょう」（フグリとは睾丸のこと）

私たちは、そんなことを言って笑った。

考えてみれば「雑草」などという呼び方も失礼である。「雑草の如く生きる」「雑草魂」などという言葉がある。「踏まれても刈られても、逞しく起き上がって生きる」のが雑草である。豊かな栄養分を一切もらわず、「天からのもらい水」だけで満足して伸びていく。小さな花は、誰にも認められず褒められもしないのに、力の限り花弁を広げ、種子を結び、子孫を残していく。

「この『雑草』の生き方を、受刑者全員に学んでもらいたい」

私はいつも、そう思っている。

「別れの涙」に私も涙する

第三回の「緊急事態宣言」が発出されることになった日、外部の人の刑務所への出入りが差し止めになるのではないかと、心配した。今の生徒たちと会えなくなるのが辛いのだ。

しかし、幸いにして、授業は中断することなく、続けさせていただくことになった。何しろ、生徒たちは高齢なので、中断してしまうと、再び全員が集合するのは無理なのではないかという恐れがあったのだ。

生徒の最高齢はKさんで九十歳に近い。彼女は自己紹介の時に言った。

「お姉さんの時までは、うまくいったのに、私の時になると、戦争がひどくなって、小学校にも行けなくなってしまいました」

文字の練習の時には、一斉指導の後、机間指導に移るが、彼女の手はごつごつし、指は節くれだって硬かった。労働してきた手だった。

「上手に書かれへん」という彼女の言葉に、私はさりげなく言った。

「誰のせいでもなく、戦争が悪いのよ」

でも、丁寧に書く彼女の字は整っていて、きれいだった。その上、他の生徒よりも書くのが速かった。一番に仕上げて、みんなが終わるまで、背筋を伸ばして静かに待っていた。

彼女は優秀な生徒だったが、いつも、しかめっ面をして表情が暗かった。

「何故だろう。私を嫌っているのかな」

と思ったが、ふと彼女の年齢を考えて、

「私の声が聞こえづらいですか？」

とたずねてみた。

「ハイ」

と小さい声で言ったので、私を嫌っているのではないと分かって、ほっとした。

「聞こえない時は、そう言ってくださいね。今ね、マスクをかけた上にフェイスシールドをつけているでしょ。だから、たいていの人は聞こえづらいのです。私、一生懸命に話しますからね。私は目が悪いので眼鏡をかけています。目が悪いのは、少しも恥ずかしいことではありません。だから、耳が遠くても少しも恥ずかしいことではありません。聞こえない時は、そういってくださいね。何回も言いますから大丈夫です」

私の言葉に、彼女は、ほっとしたように微笑をたたえた。

授業があと二回になった日、「さよなら」を終えると、彼女は私の前にやって来て、

「もう、次は来られません。今日が最後です」

と、ぽろぽろと涙を落としながら言った。

私は大変驚いて、訳をたずねると「どう言おうか」と考えている様子。傍らの教官が、

「Kさんは、出所（満期釈放）です」

と、代わりに説明した。私は、

「そうですか。おめでとう」

と微笑んだが、彼女は涙顔で、

「優しく丁寧に教えてもらって嬉しかったのに、先生と、もう会えなくなってしまいます。今まで、いろいろ教えてもらって、ありがとうございました」

と言って、頭を下げた。

「私もありがとう。寂しくなります。でも、出所は、おめでとう。良かったですね」

私の目にも涙がにじんできたが、やっとこらえて明るい声で言った。

釈放となれば、これまでの束縛を解かれて、自由な身になる。喜ばしいことなのに、私との別れを惜しんで心から泣いてくれている。ありがたいことだ。嬉しいことだ。しっかりと握手してハグしたい気持ちになったが「コロナ禍」が邪魔をした。

今までにも途中で出所した生徒がいたが、別れの言葉もお礼も言わず、忽然と姿を消してしまった。でも、彼女は、ちゃんと別れとお礼の言葉を言ったのだった。

「彼女は、立派に社会性を身につけている」

私の胸はあつくなってきた。

私は、教室から出て行く彼女の、これからの幸せを願いながら、その背中を見つめていた。

受けて満足　与えてもっと満足

高校生時代に友人から聞いた話を、ふと思い出すことがある。

人の生きるべき道が分からなくなった男が谷間の道を歩いているうちに、とっぷりと日が暮れてしまった。暗い道を、転ばないように気をつけて歩いていると、元気な赤ん坊の泣き声が聞こえてきた。彼は、その声に魅（ひ）かれるように歩いて行くと、一軒の小さな家があった。

そのうちに、赤ん坊の声はぴたりとやんだ。

彼は、戸の隙間から、そうっと覗いてみた。

母親が、おっぱいを与えているのだった。

母親は幸せに満ちて、微笑をたたえている。赤ん坊は、ふくよかな乳房に、丸い小さな手を当てて、安心しきった幸せに満ちた様子で乳を飲んでいる。

男は、「母は与えて満足し、赤ん坊はもらって満足している」と思った。

男は、これが人としてあるべき姿だと悟ったのである。

「あんなに喜ぶのなら、もっともっと与えたい」

そう感じて与え続けるのが、人に尽くすということであろう。

私が刑務所で活動する時には、あらん限りの力を出して、工夫して指導して、幸せと喜びを感じたい。

そして、生徒である受刑者が、教えてもらうことに幸せを感じ、授業を受けることができたことに喜びを感じてくれたら、本望である。

刑務所で出会った生徒さんたちは、「与えることの喜び」を教えてくれる尊い存在である。

これまでは薄幸の人であったが、これからは少しでも幸せになってほしい。

そう心から願う私である。

おわりに

「花の名を自由に言ってください」と言われたら、「サクラ・バラ・ツバキ・チューリップ・ユリ・ヒマワリ……」などと、誰でも二十や三十くらいは、すらすらと言えるでしょう。

「じゃあ、野に咲く花は？」と問われたら、「スミレ・タンポポ・レンゲソウ、それにヒガンバナ」と答える人が多いでしょう。

そんな時に、決して出てこないだろうと思われるのが、雑草の花です。そもそも「雑草」ななど言うのも、人類中心の勝手で失礼な呼び方です。その気の毒な植物の中でも、特に運の無いのが、道路の敷石と敷石の間の五ミリにも満たない隙間や、繁った背の低い街路樹の陰などに種子が落ちたものです。

でも、そんな悪条件下でも、しっかりと根を張り、逞しく芽を吹き、か細い茎の先に蕾を付けて、力いっぱい花弁を開きます。大木でも倒れるほどの強風の中でも、ゆらゆらと揺れるだけで決して折れません。そして、やがて子孫を残すために種子を結び、風に身を任せて飛んでいきます。もしかすると、親よりもっと条件の悪い所に落ちるかもしれませんが、愚痴も言わず生きていきます。

二十六年前の阪神・淡路大震災の時に、パックリと裂けたアスファルトの道路の割れ目に、ネコジャラシが逞しく生えました。緑の葉はうすい茶色に変わり、たくさんの種子を飛ばすまで生き続けました。肥料もなく、天から与えられた雨だけで見事に生きました。

人に愛でられることもなく、「雑草取り」で引き抜かれそうになっても、隙間に根ざした雑草は簡単に抜かれることがなく、葉っぱがむしり取られるだけで生き延びます。「雑草」と呼ばれる不運な草は、誰の世話にもならず、踏みつけられ嫌われても、清らかな花を咲かせ、精一杯に生きていきます。

刑務所の受刑者の多くは、恵まれた環境で育てられてきていません。愛の言葉をかけられることもなく育った人が多いと思います。だから、でしょう。

多分「名も知られぬ雑草の花」のように、強く誇り高く清く生きていこうとは思わないこ
などと思ったりしてしまいます。
「私は、可哀そうな人間なんだから、それくらいは許されてもいいだろう」
「私なんて、何の値打ちもない」

と

私は街を歩いて、「雑草」の生きざまをカメラに収めてみようと思い立ちました。我が家から神戸の中心街までの約一キロメートルを、地面を見詰めながら、ゆるゆると歩いてみました。

数日続けますと、何と目立たぬ所でひっそりと咲く小さな健気な花が、たくさん見つかりました。私は腰をかがめて、息をひそめてシャッターを切ります。でも、微風でも細い茎は揺れるので、ピンぼけ写真のようになってしまいます。諦めずに挑戦し続けると、一瞬、無風状態になることがあって、たまに「ナイス、ナイス」と喜ぶことができました。

美しく植えられ、手入れの行き届いた花壇の花には目もくれず、名も知らぬ小さな花にカメラを向けている私の姿を見て、道行く人は、不思議に思ったことでしょう。街路樹の山茶花（さざんか）の陰でひっそりと生きている小さな白い花を撮り、ひょいと顔を上げると、何と下の方に一輪の山茶花が濃いピンクの花弁を広げて微笑んでいるのに気づきました。大勢の仲間たちは、一か

月も前に美を競うように咲き誇っていましたが、すでに散ってしまって花弁は、茶色に変わって、枯れ葉のようになっていました。

仲間たちにはるかに遅れて咲いた一輪の花は、そのことを恥じるわけでもなく、肩身の狭い思いをしていじけているわけでもなく、堂々としています。他に遅れても、にっこりして精一杯に咲いているのです。他の花がすべて姿を消しているので、遅れて咲いた花はよく目立ち、より美しく見えました。

どんな環境にあっても僻（ひが）まず、他を羨（うらや）ましがらず、生きることに貪欲になり、力の限り頑張る雑草の花や、遅れて咲いても毅然としている山茶花の花の「生きざま」に、私の生徒たちが共感し真似てほしいと思います。

それで、花たちの写真を、今生まれようとしている私の本のブックカバーの装幀に用いて欲しいと思いました。この願いを、文芸社編集部の方々は、聞き入れてくださって、素晴らしい書籍に仕上げてくださいました。心から感謝いたします。

本の細かい活字を読み進み、少し疲れてくると、ほっと一息つく所が必要になってきます。その大切な役目を果たすのがカットです。それを担当してくださったのは、若い教師時代に同じ小学校に勤務した岩見純子さんです。岩見純子さんは、長い間、図工の専科として児童を指導して来られました。退職後は、兵庫県水墨画協会会員、兵庫大学エクステンションカレッジ

（成人の大学）の水墨画教室講師として、培ってきた水墨画の腕を生かしておられます。
黒一色の動植物や物に宿る「いのち」を味わいながら、ご覧くださいませ。

二〇二一年　九月十六日

著者しるす

著者プロフィール

小﨑 佳奈子（こさき かなこ）

1941（昭和16）年10月17日 愛媛県に生まれる。
兵庫県神戸市在住。
鹿児島市にボランティア活動目的の小さなホール付きの家を新築し「夢ふうせん」と名付ける。月に１回、地元の演奏家や舞踊家などを招き、イベントを続けてきた。
（コロナ禍で一時中断）

〈特記すべき卒業校〉

愛媛県立松山東高等学校
（夏目漱石が勤務し、小説『坊っちゃん』の舞台になった旧制松山中学）

〈取得しているライセンスなど〉

・小学校・中学校・高等学校教諭普通免許状（中・高は音楽）
・スクーバダイビング（オープンウォーター／アドバンスドゥオープンウォーター）〈日本には「スキューバ」と言う人が多いが、「スクーバ」が正しい。〉
・普通自動車運転免許証
・篤志面接委員（法務省委嘱）

〈職歴〉

公立小学校教諭38年　初任者研修担当１年

〈受賞歴〉

兵庫県青少年本部創作童話部門 最優秀賞・特別賞
児童憲章愛の会創作童話入選
エッセイ「私の医療体験」入選（読売新聞社主催）など

〈主な著書〉

『こどもと歩く』（甲南出版社）『見すてないで』（甲南出版社）
『瓦礫の中のほおずき』（神戸新聞総合出版センター）
『あっ ちがってたよ』（絵本・英文対訳／神戸新聞総合出版センター）
『“外国度” の高い国々―海外旅行でのとっておきの話』（日本文学館）
『新・作文のすすめ』（学習研究会 教文社）
『ことばで築く豊かな世界』（文芸社）　など多数

笑顔が報酬 —刑務所での国語科の授業—

2021年10月15日　初版第1刷発行

著　者　小﨑 佳奈子
発行者　瓜谷 綱延
発行所　株式会社文芸社
〒160-0022　東京都新宿区新宿1－10－1
電話　03-5369-3060（代表）
03-5369-2299（販売）

印刷所　株式会社フクイン

ISBN978-4-286-22930-0